Werner Köhler
Das große Buch der Kölschen Küche

Werner Köhler

Das große Buch der Kölschen Küche

Mit Fotografien von Barbara Lutterbeck

KIWI Köln

1. Auflage 2002

Fotos: Barbara Lutterbeck, Köln
Lektorat: Christiane Heering-Labonté, Sabine Bleßmann
Gestaltung: Konnertz Buchgestaltung Köln
DTP: Hans Joachim Maschek-Schneider, Köln

Printed in Germany
ISBN: 3-462-03528-2

Inhalt

Vorwort	Seite 6
Vorspeisen, Happen und Salate	Seite 8
Brühen, Suppen und Saucen	Seite 30
Kartoffelgerichte	Seite 52
Gemüse	Seite 66
Fleisch	Seite 86
Fisch	Seite 126
Nachspeisen	Seite 140
Küchenpraxis und Kölsche Wörter	Seite 154
Register der Gerichte	Seite 160

Die Kölsche Küche

Wie viele wirklich „kölsche" Gerichte gibt es eigentlich? Schon die Frage müsste genauer gestellt werden: Wie viele Gerichte, die es wirklich nur oder zuerst in Köln gab, gibt es? Darauf gibt es keine exakte Antwort. Zu jedem Gericht, das als „typisch kölsch" gilt, kann man mindestens zwei Regionen in Deutschland ausmachen, in denen es das gleiche oder zumindest annähernd das gleiche Gericht gibt – natürlich unter einem anderen Namen.
Doch was gibt es Schöneres als den kulturellen Austausch? Seit Beginn der Menschheitsgeschichte wandern Menschen, ja sogar ganze Völker, von einem Ort zum anderen. Dabei nehmen sie eines der interessantesten Kulturgüter der Menschheit stets mit in diese neue Welt: ihr Essen und die dafür typischen Zutaten. Und so vermischen sich seit Anbeginn aller Tage die verschiedenen regionalen Küchen miteinander.

Leider gab und gibt es aber auch immer Bestrebungen der Ausgrenzung. So galt nach dem Krieg bei uns der Knoblauch fast als ein Anschlag auf die deutsche Gesundheit. Überhaupt ist zu beobachten: Je schlechter die Zeiten, desto mehr ziehen sich die Leute auf das Regionale und Familiäre zurück.
Ein gutes Leitmotiv der Menschen und ihrer Essgewohnheiten ist: Das Neue interessiert zu prüfen und, wenn es für gut befunden wird, es in den Alltag zu integrieren. In diesem Sinne ist die „Kölsche Küche" sehr offen für neue Einflüsse. Dabei ist ja schon das „Kölsche Wesen" genau so angelegt: Alles was toll ist, gehört dazu oder wurde oftmals gar von den Kölnern erfunden ...
Greifen wir also diese Wesensart auf und gestalten die original „Kölsche Küche"

einmal ein wenig moderner. Dabei gehören in ein „Kölsches Kochbuch" die großen Klassiker, die seit langem hier gegessen werden. Ob diese von den Preußen, den Franzosen oder den Römern stammen, ist völlig unerheblich, wichtig ist die zeitgemäße Zubereitung. Frische, das gilt für alle Küchen der Welt, also auch für die „Kölsche", ist das Wichtigste beim Kochen.
Daneben gehören in ein solches Kochbuch die Grundzubereitungsarten von Gemüse, Kartoffeln und allem anderen, das auf den Feldern unserer Region wächst. Außerdem gehört in ein solches Werk auch alles, was die Kölner gerne und viel essen. So finden Sie das Rezept für eine leckere Currywurst ebenso wie das für selbst gemachte Fritten, ausführliche Erläuterungen zum Thema Spargel oder auch ein Kapitel über Würste – dabei nicht zuletzt auch eines über eine der liebsten Freizeitbeschäftigungen der Kölner, das Grillen.
Das Buch verweist auf zahlreiche kulinarische Verwandtschaften. Unterscheiden sich unsere heimischen Kartoffelklöße wirklich so sehr von den italienischen Gnocchi? Was macht aus unserer heiß geliebten Frikadelle einen griechischen Hackbraten? Warum heißt unser Hämmchen in Bayern Haxe und in Italien gar Ossobucco?
Wie wird wohl ein „Kölsches Kochbuch" im Jahre 2050 aussehen? Was werden wir finden? Hat das zarte Lammfleisch unser BSE-gefährdetes Rindfleisch ersetzt? Ist der Kümmel das meist benutzte Gewürz in der „Kölschen Küche"? Hat endlich jemand die Pizza Colonia erfunden?
Es bleibt also spannend im Begegnungsraum Küche. Doch bevor wir uns um die Küche der Zukunft kümmern, räumen wir erst einmal mit der Vergangenheit auf, retten herüber, was es wert ist, fügen Liebes und Bekanntes hinzu, entdecken jeden Tag Neues und freuen uns vor allem auf viele schöne gemeinsame Stunden in der Küche und bei Tisch!
In diesem Sinne wünsche ich Ihnen viel Spaß beim Lesen und beim Kochen sowie einen allzeit guten Appetit!

Vorspeisen,

Happen & Salate

Fußballteller
Belegte Röggelchen

Im Grunde genommen gibt es überall gemischte belegte Brötchen als Snack zu öffentlichen und privaten Anlässen. Hier bei uns in Köln haben wir aber einen Namen dafür gefunden, das kölsche Büfett. Natürlich kann jedes der Brötchen auch einzeln gegessen werden. Man nennt es dann einen Happen. Bei mir zu Hause ist der Anlass der Namensgeber. Kein Fußballsamstag ohne belegte Röggelchen und frisches Kölsch.

Zubereitung

Die Roggenbrötchen halbieren und zur Hälfte buttern. Tatar mit Eigelb mischen und mit Salz und Pfeffer kräftig abschmecken. Die Gemüsezwiebel in feine Ringe schneiden. Die oben aufgeführten 4 verschiedenen Zutaten auf jeweils 4 Hälften verteilen: Auf die gebutterten Seiten zur Hälfte Flönz und zur Hälfte Leberwurst geben. Die ungebutterten Seiten mit Mett bzw. angemachtem Tatar dick belegen. Auf alle Brötchen Zwiebelringe geben. Jetzt stellt sich noch die Frage der Dekoration. Zu Tatar und Mett passen Gürkchen. Keinesfalls darf auf dem Tisch das Salz, die Pfeffermühle und der scharfe Senf fehlen. Das wäre genauso schlimm, als wenn es kein Kölsch gäbe.

Zutaten

4 frische Röggelchen
(16 Hälften)
Butter
150 g Tatar (s. S. 88)
1 Eigelb
Salz, Pfeffer
1 dicke Gemüsezwiebel
8 daumendicke Scheiben
frische Blutwurst (Flönz)
8 daumendicke Scheiben
frische Kalbsleberwurst
150 g Mett
evtl. Gürkchen
scharfer Senf

Bemerkung

Natürlich kann man die Happen variieren. Lecker sind sie auch mit dick geschnittener Fleischwurst (mit ordentlich viel Senf) oder mit Camembert (mit scharfen, leicht gesalzenen Radieschenscheiben belegt).
Sicher haben Sie es schon erkannt, die mit Blutwurst und Zwiebelringen belegten Röggelchen nennt man in Köln „Kölsch Kaviar“. In früheren Zeiten ernannten die armen Leute einfach die Blutwurst zum Kaviar und standen damit, zumindest dem Namen nach, der besseren Gesellschaft in nichts nach.

Halve Hahn

Zwei kölsche Happen verdienen eine eigene Erwähnung: „Kölsch Kaviar" und eben der „Halve Hahn". Hier lohnt es sich, zunächst über die Begriffe nachzudenken. Der „Kölsch Kaviar" ist das im vorherigen Rezept bereits beschriebene Röggelchen mit Flönz, Zwiebelringen und etwas Paprikapulver. Dazu gibt es scharfen Senf. Dies war natürlich eher ein Arme-Leute-Essen, aber der lebensfrohe und zur Hochstapelei neigende Kölner gibt den einfachen Genüssen gerne etwas hochtrabende Namen. Obwohl das Blutwurstbrötchen häufig von den Kölnern erwähnt wird, und man es auch im restlichen Deutschland gerne mit der Domstadt in Verbindung bringt, wird es doch lange nicht so gerne und oft gegessen, wie man meinen sollte. Das liegt vielleicht daran, dass die Qualität der Blutwurst häufig minderwertig ist, und dann ist „Kölsch Kaviar" alles andere als eine Delikatesse.

Wer unkundig im Rheinland einen „Halven Hahn" bestellt und auf eine knusprige Hähnchenhälfte hofft, sieht sich bitter enttäuscht. Genauso bitter wie der Freund eines Deutzer Gesellen im 19. Jahrhundert. Der etwas geizige Geselle hatte für seinen Freund ein halbes Hähnchen bestellt, aber mit dem Köbes ausgemacht, dass dieser ein Käsebrötchen bringen sollte. Wer wie wir heute Bescheid weiß, wird sich dagegen auf ein knuspriges Roggenbrötchen, dick mit Käse belegt, freuen.

Zutaten

1 Röggelchen
Butter
4 dicke Scheiben mittelalter Gouda
scharfer Senf

Zubereitung

Röggelchen in vier Hälften schneiden. Mit Butter bestreichen und mit dem mittelalten Käse belegen. Da bereits mehrfach von scharfem Senf die Rede war, hier ein eindeutiges Bekenntnis. Der beste, überall erhältliche Senf ist der Düsseldorfer Löwensenf. Leider hat die Domstadt dieser Delikatesse nichts entgegenzusetzen. Sehr gut, aber leider etwas schwer zu finden, ist der Senf aus Monschau. Der Senf wird nun entweder auf den Käse gestrichen oder auf die gebutterten Brötchenhälften. Senfliebhaber tun das eine, ohne das andere zu lassen.

Feuer-Happen

Das nachfolgende, scharfe Hackfleisch kann auch auf einem Röggelchen serviert werden. Viel besser schmeckt es allerdings auf diagonal aufgeschnittenen und zuvor leicht angetoasteten Baguettescheiben.

Zubereitung

Die Zwiebel und die Chilischote fein würfeln. In einer Pfanne etwas Olivenöl erhitzen. Darin die Zwiebel und Chilistückchen kurz anschwitzen. Das Hackfleisch dazugeben und mit einer Gabel in kleine Stückchen teilen. Kräftig anbraten. Das Tomatenmark untermischen und so lange braten, bis die austretende Flüssigkeit verkocht ist. Mit den Gewürzen herzhaft abschmecken. Die Baguettescheiben im Backofen unter dem Grill von beiden Seiten anrösten. Je nach Geschmack auch noch mit einer Knoblauchzehe einreiben. Anschließend mit dem scharfen Hackfleisch belegen und sofort servieren. Dazu passt Kölsch, aber auch ein kräftiger Rotwein.

Zutaten

1 Zwiebel
1 getrocknete Chilischote
Olivenöl
200 g frisches Rindergehacktes
1 EL konzentriertes Tomatenmark
Salz, Pfeffer, Cayennepfeffer
8 Scheiben Baguette
evtl. 1 Knoblauchzehe

Happen mit Quetschkäse

Unverständlich, warum es diese leckere Bierspeise noch nicht in jeder Kölschkneipe gibt. Den Bierkonsum würde sie jedenfalls ordentlich steigern.

Zutaten

200 g vollreifer Camembert
50 g Butter
3 EL Magerquark
1 kleine Zwiebel
Salz, weißer Pfeffer,
Paprikapulver
3 rote Radieschen (scharf)
2 EL Schnittlauch
Bauernbrot, Röggelchen oder
Schwarzbrot

Zubereitung

Von dem Camembert zuerst die Rinde rundherum abschneiden. Den Käse mit der zimmerwarmen Butter intensiv mit einer Gabel zerdrücken. Dabei nach und nach den Quark untermischen, bis eine homogene Masse entstanden ist. Die sehr fein gehackte Zwiebel zufügen und mit den Gewürzen herzhaft abschmecken. Radieschen in sehr feine Stifte schneiden, etwas salzen und zusammen mit dem fein geschnittenen Schnittlauch untermischen.
Den Käse auf Bauernbrot, Röggelchen oder Schwarzbrot streichen.

Gebackener Camembert

In kölschen Brauhäusern und Kneipen ist dieses mächtige Gericht immer noch häufig zu finden. Für sich alleine genossen, ist der Camembert viel zu klebrig. Er braucht als Ergänzung unbedingt etwas Fruchtiges. Die meist angebotenen Preiselbeeren finde ich persönlich wenig interessant. Deshalb stelle ich hier einmal ein Gericht mit gedünsteten Äpfeln oder mit Birnen vor.
Ich nehme an, dass Sie keinen ganzen Käse essen wollen. Wenn doch, dann können Sie jede beliebige Marke nehmen. Sollten Sie jedoch mit einem halben Stück oder noch besser mit einem Viertel genug haben, müssen Sie einen Camembert suchen, der bereits ab Hersteller geteilt ist. Dadurch umschließt die Rinde den ganzen Käse und er läuft nicht bereits beim Braten in der Pfanne aus. Leider sind diese Sorten geschmacklich nicht immer der Hit, aber bei diesem Gericht ist das nicht ganz so schlimm.

Zubereitung

Für das Obst die Butter in einem Topf auslassen. Äpfel oder Birnen schälen, entkernen und in Spalten schneiden. In die heiße Butter geben und die Hitze reduzieren. Den Deckel auf den Topf setzen und ca. 5 Minuten sanft köcheln. Dabei darauf achten, dass kein Kompott entsteht. Jede Frucht ist anders, weshalb hier keine exakten Vorgaben gemacht werden können.
Je nach Geschmack kann am Ende noch etwas Apfelsaft angegossen werden.
Die Camemberthälften durch das mit Salz und Pfeffer gewürzte und verquirlte Ei ziehen und anschließend in Paniermehl wenden. Die Panade leicht andrücken. Das Butter-Öl-Gemisch erhitzen und die Camembertstücke darin bei milder Hitze rundherum goldbraun braten. Zusammen mit dem Obst auf Tellern anrichten und heiß servieren.

Zutaten

4 halbe Camembertstücke
Salz, Pfeffer
1 Ei
frisches Paniermehl
(s. Küchenpraxis S. 158)
Butter, Öl

Für die gedünsteten Äpfel oder Birnen
50 g Butter
2 feste, säuerliche Äpfel oder Birnen
evtl. etwas Apfelsaft

Tipp

Ganz nach Geschmack kann die fruchtige Beilage natürlich auch kalt gegessen werden. Das wirkt dem Klebeeffekt des Käses nochmals entgegen und kann auch gut vorbereitet werden.

Buttermilchkaltschale

Buttermilchgerichte haben in Köln eine sehr lange Tradition, ob diese erfrischende Kaltschale oder die in früheren Zeiten oft zubereitete Buttermilch-Bohnen-Suppe. Die Kaltschale ist an heißen Sommerabenden ein leichtes und erfrischendes Abendessen.

Zutaten

500 ml Buttermilch
6 Blatt Gelatine
250 ml Sahne
5 EL fein gehackte Kräuter (Schnittlauch, Petersilie, Kerbel)
Salz, Pfeffer, Zitronensaft

Zubereitung

Etwas Buttermilch leicht erwärmen und die vorher in Wasser eingeweichte und gut ausgedrückte Gelatine darin auflösen. Zur restlichen Buttermilch geben. Die Sahne steif schlagen und zusammen mit den gehackten Kräutern unter die Buttermilch heben. Mit den Gewürzen abschmecken und in eine Terrinenform füllen. Für 12 Stunden im Kühlschrank gelieren lassen.
Zum Servieren in dicke Scheiben schneiden und mit einer leicht säuerlichen Vinaigrette (Salatsauce aus Öl, Essig, Senf, Salz und Pfeffer) beträufeln.

Frikadellen

Keine wirkliche Kneipe, kein Karneval und keine Party in Köln ohne Frikadellen. Aber Hand aufs Herz, meist erstickt man an dem Zeug oder muss hinterher mehrere Kabänes in sich hineinschütten, um seinen Magen wieder ruhig zu stellen. Furchtbar, was uns zugemutet wird. Dabei kann das „Steak des kleinen Mannes" wirklich eine Delikatesse sein, wenn man es sorgfältig zubereitet.
Deshalb hier zunächst ein klassisches, aber etwas aufwendigeres Rezept und danach, damit es nicht langweilig wird, auch noch eine Version mit Lammfleisch (besonders schön für einen Grillabend). Zusätzlich stelle ich auch noch eine Art Sonntagsbraten vor. Zu guter Letzt für Leute, die keine großen Fleisch-Esser sind, ein Rezept aus zartem Hühnerfleisch.

Die klassische Frikadelle

Zubereitung

Fleisch und Schinken durch den Fleischwolf drehen. Brötchen in der warmen Milch einweichen und anschließend gut ausgedrückt zu der Fleischmasse geben. Fein gehackte Zwiebel und gehackten Knoblauch in etwas Olivenöl anschwitzen, die gehackte Petersilie zufügen und alles zusammen mit den Eiern zu der Fleischmasse geben. Mit Gewürzen kräftig würzen und mit nassen Händen gut durchmischen. Frikadellen formen und in einer Pfanne in einem Butter-Öl-Gemisch knusprig ausbacken.

Zutaten

150 g Kalbfleisch
250 g Schweinefleisch
100 g magerer Schinkenspeck
2 altbackene Brötchen
125 ml Milch
100 g Zwiebel
1 Knoblauchzehe
Olivenöl
1 Bund Petersilie
2 Eier
1 TL scharfer Senf
Salz, Pfeffer, Muskat, Majoran
Butter, Öl

Tipp

Seitdem ich einen Fleischwolf habe, kaufe ich kein fertiges Hack mehr. Den Unterschied können Sie schmecken, sodass ich die wenige Mehrarbeit wirklich empfehle. Alle Fleischküchlein können übrigens auch vor dem Braten entweder in etwas Mehl oder Paniermehl gewendet werden. Die äußere Kruste wird dann noch knuspriger.

Lammfrikadellen

Zutaten

500 g Lammfleisch
1 altbackenes Brötchen
2 Zwiebeln
2 Knoblauchzehen
10 g Butter
1 Ei
je 1 EL frische Petersilie, Basilikum, Minze und Kerbel
Salz, Pfeffer
Olivenöl

Zubereitung

Das Lammfleisch durch die feinste Scheibe des Fleischwolfs drehen. Das Brötchen in Wasser einweichen und anschließend gut ausgedrückt zum Hack geben. Die Zwiebeln und den Knoblauch fein hacken und in etwas Butter in der Pfanne anschwitzen. Anschließend zusammen mit dem Ei und den fein gehackten Kräutern zum Fleisch geben. Mit Salz und Pfeffer würzen und gut durchkneten. Kleine Bällchen formen und diese in der Pfanne in heißem Olivenöl von allen Seiten knusprig braten.

Tipp

Lassen Sie sich von einem türkischen Metzger beraten, welches Stück vom Lamm er für geeignet hält, um diese Frikadellen herzustellen. Es sollte nicht zu mager sein. Etwas Fett tut sowohl dem Geschmack als auch der Bindung gut.

Rinderhackbraten mit Schafskäse und gebackenen Kartoffeln

Dieses Gericht wurde inspiriert von den vielen Griechen in Köln und ist eine Abwandlung des klassischen Hackbratens, der mit einer braunen Sauce serviert wird. Für den Klassiker stellen Sie eine Rotweinsauce, wie unter Rouladen (s. S. 90) beschrieben, her und legen den Fleischklops (ohne den hier verwendeten Schafskäse) darin ein. Nach ca. 45 Minuten ist der Braten fertig. Es schmeckt sehr lecker, aber bitte probieren Sie auch einmal diese Variante.

Zubereitung

Das Rindfleisch durch die feinste Scheibe des Fleischwolfs drehen. Die Brötchen in lauwarmer Milch einweichen, anschließend gut ausdrücken und zum Fleisch geben. Zwiebel und Knoblauch sehr fein hacken und zusammen mit den Eiern, Ouzo, geriebenem Parmesan, Salz, Pfeffer und Oregano zum Fleisch geben. Die Masse kräftig durcharbeiten, bis ein homogener Teig entsteht.
Eine große feuerfeste Form mit reichlich Olivenöl auspinseln. Den Backofen auf 200 °C vorheizen und den Fleischteig zu einem Brotlaib formen. Mit der Handkante in der Mitte eine längliche Mulde öffnen und den Schafskäse hineinbröseln. Gut verschließen und den Braten mit der „Naht“ nach oben in die Mitte der Form legen. Mit etwas Olivenöl beträufeln.
Die Kartoffeln schälen und in Scheiben schneiden, waschen und gut abtrocknen. Um den Braten herum legen und mit Salz, Pfeffer und etwas Paprikapulver würzen. Sollte noch Schafskäse übrig sein, diesen über die Kartoffeln bröseln. Etwas Olivenöl über die Kartoffeln gießen und für 45 Minuten in den Backofen schieben. Nach 30 Minuten die Kartoffeln mit Hilfe eines Wenders drehen.

Zutaten

500 g Rinderfleisch
2 altbackene Brötchen
500 ml Milch
1 Zwiebel, 3 Knoblauchzehen
2 Eier
20 ml Ouzo oder ein anderer Anisschnaps
50 g Parmesan
Salz, Pfeffer, getrockneter Oregano, Olivenöl
100 g korsischer Schafskäse
600 g Kartoffeln
etwas Paprikapulver

Scharfe Hühnerfrikadellen

Zutaten

1 Knoblauchzehe
500 g Hähnchenbrust
3 EL gehackte, glatte Petersilie
1 Brötchen
125 ml heiße Milch
1 Ei
1–2 getrocknete Chilischoten (oder 3 EL Sambal Olek)
Salz, Pfeffer, Öl

Zubereitung

Den Knoblauch fein hacken. Das Hühnerfleisch durch den Fleischwolf drehen. Mit Knoblauch, Petersilie, dem in der heißen Milch eingeweichten und gut ausgedrückten Brötchen, dem Ei, den fein gehackten Chilischoten und den Gewürzen mischen und gut durchkneten. Kleine Frikadellen formen und in ausreichend Fett knusprig ausbraten.

Speckpfannkuchen

Speckpfannkuchen, am besten mit einem grünen Salat, hat in Köln eine große Tradition. Besonders zu empfehlen, wenn das Geld am Monatsende etwas knapp wird.

Zutaten

6 Eier
200 ml Milch
100 g Mehl
Salz
Schnittlauch
Butterschmalz
240 g in ganz dünne Scheiben geschnittener, durchwachsener Räucherspeck

Zubereitung

Die Eier schaumig schlagen. Milch und Mehl mit einem Schneebesen „klümpchenfrei" verschlagen. Die Eier dazugeben und mit Salz und Schnittlauch würzen. Den Teig etwa 15 Minuten ziehen lassen. Butterschmalz in der Pfanne erhitzen, den Speck vierteln, portionsweise leicht anbraten und hauchdünn den Teig darüber gießen. Mit Hilfe eines Tellers drehen und beide Seiten goldbraun ausbacken. Diesen Vorgang wiederholen, bis der Teig verbraucht ist. Dazu reichen Sie am besten grünen Salat.

Eier

Eier spielen in allen Küchen der Welt eine große Rolle. Zum einen kann man leckere Gerichte daraus machen, zum anderen belasten sie das Portemonnaie nicht über Gebühr. Viele Menschen denken, bei Eiern könne man nichts falsch machen. Riesiger Irrtum! Wir erinnern uns nur allzu ungern an übel riechende hart gekochte Eier, an labberige Spiegel- und schlechte Frühstückseier. Ja, auch die kann man wunderbar versauen, wenn man die einfachsten Regeln nicht beherrscht. Und deshalb fangen wir genau da an.

Gekochte Frühstückseier

Das weiche Ei

Die rohen Eier mit Hilfe eines Eierpickels an beiden Enden einstechen. Ausreichend Salzwasser zum Kochen bringen. Mit Hilfe eines Esslöffels die rohen Eier in das Wasser gleiten lassen. Dabei wird der Siedepunkt des Wassers durch die kalten Eier verlassen. Warten Sie, bis das Wasser wieder kocht und stellen Sie jetzt die Uhr auf 3 Minuten. Anschließend haben Sie ein wunderbar weiches Frühstücksei. Sie haben übrigens nach dem Schellen der Eieruhr genau 1 Minute Zeit, das Ei aus dem Wasser zu nehmen. Ab 4 Minuten erreicht die Gerinnung im Ei das Eigelb, und dieses beginnt hart zu werden. Also, wirklich ganz einfach.

Das hart gekochte Ei

Verfahren Sie wie oben beschrieben, lassen das Ei jedoch ab Siedepunkt für genau 10 Minuten im Wasser. Danach sofort unter kaltem Wasser abschrecken. Dadurch lässt sich das Ei besser pellen. Zu lange gekocht, wird das Ei zäh. Um den Dotter herum entsteht ein grüner Rand, und das Eiweiß beginnt zu müffeln. Letzteres ist leicht erklärt. Die Proteine des Eiklar enthalten Schwefelatome. Durch zu langes Kochen wird Schwefelwasserstoff freigesetzt, und der stinkt nun einmal.

Spiegeleier

Butterschmalz in einer Pfanne erhitzen. Die Eier am Pfannenrand aufschlagen und in die Pfanne gleiten lassen. Man rechnet 2 Eier pro Person. Bei mittlerer Hitze braten. Dabei wird zuerst das Eiweiß fest, dick und undurchsichtig. Ist dieser Punkt erreicht, ist das Spiegelei fertig und muss sofort aus der heißen Pfanne genommen werden, da es sonst eher gummiartig wird. Dabei gibt es einen sehr wichtigen Tipp: Salzen Sie das Ei sofort, nachdem es in der Pfanne ist, und zwar mit sehr feinem Salz. Besonders wichtig ist das Salzen um den Dotter herum. Aus chemischen Gründen wird das Eiweiß hier erst sehr spät fest. Wenn Sie ungesalzen darauf warten, ist der Rest des Eiweißes bereits zu fest.
Wer sein Eigelb gerne fester hat, sollte das Spiegelei mit Hilfe eines Schabers vorsichtig wenden, so dass das Eigelb direkt mit der Pfanne in Berührung kommt. Dadurch wird es fest, ohne dass das Eiweiß nachgart.
Sollten Sie das Ei aus irgendwelchen Gründen nicht salzen wollen oder dürfen, geben Sie einfach einige Tropfen Essig um den Dotter. Damit erzielen Sie die gleiche Wirkung wie oben beschrieben. Diese Methode werden wir für die pochierten Eier noch einmal anwenden.
Als Beilage zu Spiegeleiern wird in Köln alles Mögliche gegessen. Am häufigsten Bratkartoffeln (s. S. 56) oder Spinat (s. S. 81).

Rührei

Zubereitung

Die Eier in eine Schüssel geben und mit einem Schneebesen gut durchschlagen. Das Mehl in der Milch ohne Klümpchen auflösen und unter die Eimasse schlagen. Mit Salz und Pfeffer würzen.
Eine große, nicht haftende Bratpfanne mit etwas Fett einreiben und erhitzen. Dabei darauf achten, dass die Pfanne überall gleich heiß wird. Die Eimasse einfüllen und bei mittlerer Hitze stocken lassen. Das Ei kann auch gewendet werden.

Zutaten

8 Eier
1 TL Mehl
50 ml Milch
Salz, Pfeffer

Tipp

Das Mehl verhindert die ungeliebte Klümpchenbildung in einem Rührei, ohne dessen Geschmack zu verändern.

Variationen

Rührei mit Speck

Einige Speckscheiben in die kalte Pfanne legen. Die Pfanne auf kleiner Flamme erhitzen und den Speck langsam kross braten. Anschließend die wie im vorangegangenen Rezept vorbereitete Eimasse darüber geben und stocken lassen.

Rührei mit Käse

100 g mittelalten Holländer in dünne Streifen schneiden. Die Rühreimasse in die heiße Pfanne geben und den Käse nach etwa 1 Minute über das Rührei verteilen. Die Hitze reduzieren und warten, bis der Käse geschmolzen ist.

Rührei mit Bratkartoffeln

200 g Pellkartoffeln vom Vortag in heißem Butterschmalz rundherum knusprig braten. Die Eimasse darüber gießen und stocken lassen. Anschließend mit fein geschnittenem Schnittlauch bestreuen.

Rührei mit Ziegenkäse – die feine Variation aus der Franzosenzeit

Zutaten

4 kleine feste Ziegenkäse
20 kleine Scheiben Baguette
5 EL Olivenöl
3 TL frischer Thymian
12 Eier
Salz, Pfeffer

Zubereitung

Die kleinen Käse in sehr feine Scheiben schneiden. Die Baguettescheiben auf ein Backblech legen, mit Öl einpinseln und mit 2 TL Thymian bestreuen. Im Ofen von beiden Seiten grillen. Währenddessen die Eier gut verquirlen und mit Salz, Pfeffer und dem Rest Thymian würzen. Den Käse dazugeben.
Etwas Olivenöl in einer großen beschichteten Pfanne erhitzen und die Eimasse hineinschütten. Mit einer Gabel kurz durchrühren und stocken lassen. Wenn das Ei gerade fest wird, aufrollen und auf eine Platte geben. Mit dem Brot sofort servieren.

Pochierte oder verlorene Eier

Auch hier gilt wieder die Regel: 2 Eier pro Person. 2 l Salzwasser aufsetzen und diese zum Kochen bringen. 6 Esslöffel Essig in das siedende Wasser geben. Eine Suppenkelle nehmen und ein rohes Ei vorsichtig in die Kelle schlagen. Das Eigelb darf dabei nicht zerstört werden. Mit Hilfe dieser Kelle jetzt das Ei in das „saure Wasser" geben. Mit allen übrigen Eiern genauso verfahren.
Was geschieht? Durch den Essig gerinnt der äußere Teil des Eis sofort. Das Eiweiß schließt sich also wie ein Mantel um das Eigelb und schützt es. Das Ei, ähnlich wie ein Frühstücksei, etwa 3 Minuten kochen lassen und anschließend mit der Schöpfkelle wieder aus dem Wasser nehmen.
Die pochierten Eier werden mit Spinatgemüse (s. S. 81) gegessen. Man kann sie natürlich auch einfach zum Frühstück essen. Auch mit einer Senfsauce aus süßem Senf (s. S. 49) schmecken sie köstlich.

Soleier mit zwei Saucen

Früher gehörten Soleier zum Standard-Repertoire kölscher Gastwirte. In großen Gläsern standen die Soleier auf der Theke und wurden von durstigen Zechern als preiswerter Bierhappen geschätzt.

Zutaten

20 Eier
Salz, Pfeffer
scharfer Senf
Öl
Essig

Für die Kräutermayonnaise
4 EL selbst gemachte Mayonnaise (s. S. 46)
2 EL Joghurt
1 Schalotte
1 kleine Gewürzgurke
1 eingelegte grüne Peperoni
1 EL Kapern
2 EL gehackte Kräuter (Schnittlauch, Dill, Kresse, Petersilie)
Salz, Pfeffer, Zucker
1 Schuss Essig

Für das Apfelketchup
2 säuerliche Äpfel
6 EL selbst gemachter Tomatenketchup (s. S. 122)
Salz
Zucker
Zitronensaft

Zubereitung

Die Eier hart kochen. Anschließend die Schale leicht anknicken. In 2 l gekochtes Wasser nun so viel Salz geben, dass die Eier darin schwimmen können. Das Salzwasser erkalten lassen und die Eier vorsichtig hineingeben. Mindestens 24 Stunden in der Lauge stehen lassen.
Und so isst man ein Solei: Eier pellen, längs halbieren und den Dotter herauslösen. Die Gewürze, Öl und Essig mit dem Eigelb zu einer sämigen Masse verkneten und wieder in das Eiweiß füllen. Dazu schmecken besonders gut Kräutermayonnaise oder Apfelketchup.
Für die Kräutermayonnaise Mayonnaise mit Joghurt glatt rühren. Schalotte, Gurke und Peperoni fein würfeln. Mit Kapern und Kräutern unter die Mayonnaise mischen und mit den Gewürzen abschmecken.
Für das Apfelketchup die Äpfel schälen und grob raspeln. Mit dem Tomatenketchup vermischen und mit den Gewürzen abschmecken.

Selleriesalat

Der Sellerie gehörte in der kölschen Küche immer schon zu den beliebteren Gemüsesorten. Nur böse Menschen sehen darin einen Zusammenhang mit der dieser Knolle zugeschriebenen potenzfördernden Kraft. Der Frage nach dem Wahrheitsgehalt dieser Parole begegnet mein Biobauer mit dem Satz: Wer`s nötig hat!
N. B.: Der Biobauer ist über 70 Jahre alt.

Zubereitung

Die Mayonnaise mit der sauren Sahne, dem Essig und dem Zitronensaft mischen. Mit Salz und etwas Pfeffer würzen. Den Sellerie fein raspeln und mit der Mayonnaise gut vermischen. Die Äpfel schälen, entkernen und in kleine Stifte schneiden. Die Äpfel und die Ananasstücke unter den Sellerie heben und nochmals abschmecken. Mindestens 3 Stunden durchziehen lassen. In der Zwischenzeit die Walnüsse grob hacken. Vor dem Servieren die Walnüsse unterheben.

Zutaten

300 g Knollensellerie
2 Äpfel
100 g frische Ananasstücke
50 g Walnüsse

Für die Sauce
100 g selbst gemachte Mayonnaise (s. S. 46)
60 ml saure Sahne
1 TL Weißweinessig
Saft von 1/2 Zitrone
Salz, weißer Pfeffer

Warmer Kartoffelsalat mit Speck

Bei diesem Gericht handelt es sich um ein altes Rezept. Eigentlich ist es fast so etwas wie ein Eintopf. Der fertige Salat steht nämlich auch zum Schluss noch in ordentlich viel Brühe. Das ist richtig so. Man kann ihn zum Essen aus der Brühe heben oder besser, in tiefen Tellern servieren und die Kartoffeln dann mit der Gabel in die Brühe quetschen.

Zutaten

800 g fest kochende Kartoffeln
60 g durchwachsener Speck
1 Zwiebel
500 ml kräftige Fleischbrühe
2 EL Weißweinessig
4 EL Sonnenblumenöl
Salz, Pfeffer
3 EL fein geschnittener Schnittlauch

Zubereitung

Die Kartoffeln mit der Schale kochen, pellen und in Scheiben schneiden (warm halten). Den Speck in kleine Würfel schneiden und in einer beschichteten Pfanne langsam kross braten. Die zuvor fein gehackte Zwiebel dazugeben und so lange braten, bis sie glasig ist. Die Brühe erhitzen, Essig und Öl dazugeben, mit Salz und Pfeffer würzen und die Brühe mit den Kartoffelscheiben, dem Speck und den Zwiebeln mischen. Mindestens 30 Minuten ziehen lassen, nochmals abschmecken und den Schnittlauch unterheben.

Kartoffelsalat mit Mayonnaise

Zubereitung

Die Kartoffeln in der Schale in Salzwasser garen. Anschließend schälen und in Scheiben schneiden.
Während die Kartoffeln kochen, den Schinken, die Gurken sowie die Eier in Würfel schneiden und zu den vorgekochten Erbsen geben. Frühlingszwiebeln in dünne Scheibchen schneiden.
Die Brühe mit dem Essig aufkochen. Mit Salz und Pfeffer abschmecken und über die Kartoffelscheiben gießen. Diese sollen die Brühe fast vollständig aufsaugen. Nach 15 Minuten die klein geschnittenen Zutaten unterheben. Die Mayonnaise mit dem Joghurt mischen und ebenfalls unter den Kartoffelsalat heben. Nochmals abschmecken.
Auf Wunsch kann noch Schnittlauch oder Brunnenkresse beigefügt werden.

Zutaten

800 g fest kochende Kartoffeln
150 g gekochter Schinken
2 große Gewürzgurken
5 hart gekochte Eier
100 g gegarte Erbsen
4 Frühlingszwiebeln
125 ml kräftige Gemüsebrühe
4 EL Weißweinessig
Salz, Pfeffer
200 g selbst gemachte Mayonnaise (s. S. 46)
100 g Joghurt
evtl. Schnittlauch oder Brunnenkresse

Rheinischer Feldsalat

Zutaten

250 g Kartoffeln
4 hart gekochte Eier
400 g Feldsalat
1 Zwiebel
2 EL Pflanzenöl
250 ml frische Gemüsebrühe
Salz, Pfeffer, Muskat
2 EL fein geschnittener Schnittlauch

Zubereitung

Kartoffeln in der Schale in Salzwasser garen. Die Eier wie vorher beschrieben (s. S. 20) in 10 Minuten hart kochen. Anschließend pellen und in Viertel schneiden. Der Feldsalat muss gründlich geputzt werden.

Die Kartoffeln abschrecken, pellen und fein zerstampfen. Die Zwiebel fein hacken und in dem Öl glasig dünsten. Mit der Gemüsebrühe ablöschen und aufkochen lassen. Noch heiß mit der Kartoffelmasse vermischen. Mit den Gewürzen abschmecken.

Den Feldsalat auf Teller verteilen und jeweils ein hart gekochtes Ei, in Viertel geschnitten, darum legen. Das Kartoffeldressing separat dazu reichen. Sie können auch den Salat direkt mit dem Dressing mischen, sollten ihn aber dann sofort essen, da der Salat durch die dicke Sauce schnell matschig wird.

Brühen,

Suppen & Saucen

Brühen

Die Grundlage der guten Küche ist zumeist eine ordentliche Brühe. Und die macht man immer selbst. Es gibt keine auch noch so teure Konserve, die der selbst hergestellten Brühe das Wasser reichen könnte. Zudem ist die Herstellung sehr einfach und preiswert obendrein. Noch einen Grund? Bitte sehr: Die Brühen können wunderbar auf Vorrat gemacht werden. Anschließend in Halbliter- beziehungsweise Liter-Gläser abfüllen und im Tiefkühlschrank aufbewahren.

Gemüsebrühe

Zubereitung

Die Gemüsezwiebel mit der Schale halbieren. Eine Platte des Elektroherdes erhitzen und mit einer Alufolie abdecken. Die Zwiebelhälften mit der Schnittfläche nach unten aufsetzen und Farbe nehmen lassen. Auf diese Weise geben sie anschließend in der Brühe einen besseren Geschmack. Keine Angst: Dem Herd geschieht trotz des intensiven Geruchs nichts. Durch leichtes Drehen die Zwiebeln abheben und mit dem restlichen geputzten und klein geschnittenen Gemüse in 5 l kaltem Wasser aufsetzen. Aufkochen lassen und die Hitze reduzieren. Ohne Deckel mindestens 4 Stunden leise köcheln lassen. Anschließend durch ein Sieb abgießen und die Flüssigkeit auffangen. Sofort verwerten oder einfrieren.

Zutaten

1 Gemüsezwiebel
1 Knollensellerie
8 Möhren
4 Stangen Lauch
1 Lorbeerblatt
1 Bund Petersilie

Tipp

Ein sklavisches Einhalten der Mengenangaben sowie der Zutaten ist weder bei dieser Brühe noch bei den nachfolgend aufgeführten nötig. Verwenden kann man alle Suppengemüse, wobei die Einzelmengen ganz vom individuellen Geschmack oder der Versorgungslage abhängen können. Würzen sollte man die Brühe erst in Verbindung mit dem jeweiligen Gericht. Ein Letztes: Einmal aufgetaute Brühe sollte möglichst rasch verbraucht werden. Sie hält sich aufgetaut noch etwa zwei bis drei Tage im Kühlschrank, ehe sie „sauer“ wird. Sie kann allerdings auch ein zweites Mal eingefroren werden. Dazu muss die aufgetaute Brühe einmal kräftig durchgekocht werden. Anschließend wieder wie beschrieben verfahren.

Geflügelbrühe

Zutaten

1 fettes Suppenhuhn
1 Gemüsezwiebel
1 Knollensellerie
6 Möhren
3 Stangen Lauch
1 Bund Petersilie

Zubereitung

Das Huhn im Topf mit 5 l kaltem Wasser aufsetzen. In der Zwischenzeit die Gemüsezwiebel anrösten, wie im vorherigen Rezept beschrieben. Das Gemüse putzen und schneiden. Sobald das Wasser kocht, setzt sich Schaum ab, der mit dem Schaumlöffel entfernt wird. Die Hitze reduzieren und das Gemüse zugeben. Bei offenem Topf 4–5 Stunden köcheln lassen. Die Brühe abseihen, und mit der Brühe verfahren wie im vorherigen Rezept beschrieben.

Tipp

Um eine besonders schmackhafte Brühe zu erhalten, kann diese auch bis zu 8 Stunden köcheln. Eine Variante, und damit eigentlich eine Zwischenlösung zwischen Gemüse- und Geflügelbrühe, bietet folgende Möglichkeit: Man verwendet ein kräftiges Freilandhähnchen und entfernt es nach etwa 20 Minuten aus der Brühe. Das gute Fleisch (Brust, Keule und Flügel) auslösen und die Karkasse wieder in die Brühe geben. Aus dem Fleisch dann ein schmackhaftes Frikassee bereiten.

Rinderbrühe

Zubereitung

Das Öl erhitzen und darin die Knochen anrösten. Tomatenmark zugeben und Farbe nehmen lassen. Mit zuvor erhitztem Wasser (5l) ablöschen und erneut aufkochen. Das gewürfelte Fleisch zufügen und den an die Oberfläche steigenden Schaum abheben. Die angeröstete Zwiebel und die geputzten und klein geschnittenen Gemüse beifügen und das Ganze bei offenem Topf 4–5 Stunden köcheln lassen. Dann wie unter Gemüsebrühe beschrieben fortfahren.

Zutaten

Öl
2 kg Rinderknochen
3 EL Tomatenmark
1 kg Rindfleisch
1 Gemüsezwiebel
3 Möhren
3 Stangen Lauch
3 Stangen Staudensellerie
1 Bund Petersilie

Tipp

Das mürbe Rindfleisch sollte keinesfalls nach dem Kochen weggeworfen werden. Es schmeckt mit scharfem Senf zur Suppe.

Mehlschwitze

Zubereitung

Die Butter im Topf bei milder Hitze schmelzen. Das Mehl einrieseln lassen und mit dem Schneebesen kräftig rühren. Je nach dem gewünschten Bräunungsgrad bei wirklich kleiner Hitze mindestens 15 Minuten schwitzen lassen. Anschließend die heiße Flüssigkeit angießen. Nochmals 5 Minuten köcheln, aber nicht kochen, damit die Sauce den Mehlgeschmack vollständig verliert. Jetzt ganz nach Wunsch weiterverarbeiten.

Zutaten

40 g Butter
20 g Mehl
Brühe zum Ablöschen

Tipp

Eine einmal mit Mehl gebundene Sauce sollte danach nicht mehr allzu stark erhitzt werden. Bei mehr als 93 °C Kochtemperatur verliert das Mehl seine bindende Fähigkeit und die Brühe wird wieder flüssig.

Erbseneintopf

Zutaten

1 l kräftige Fleischbrühe
1 Stange Lauch
2 Möhren
100 g Knollensellerie
500 g Kartoffeln
1 kg gepulte frische Erbsen
150 g durchwachsener Speck
2 Zwiebeln
4 Mettwürstchen
1 Bund Petersilie
scharfer Senf
Maggi
Salz, Pfeffer

Zubereitung

Die Fleischbrühe in einem große Topf zum Kochen bringen. In der Zwischenzeit Lauch, Möhren und Sellerie in kleine, feine Scheibchen schneiden. Die Kartoffeln würfeln. Die Gemüse zusammen mit den Erbsen in die heiße Brühe geben und gar ziehen lassen. Dies dauert etwa 15 Minuten.

Währenddessen den Speck würfeln, die Zwiebeln in feine Ringe schneiden, die Mettwürstchen in mundgerechte Stücke schneiden und die Petersilie fein hacken. Den Speck in einer beschichteten Pfanne langsam kross braten, die Zwiebel beifügen und glasig werden lassen. Die Mettwurststückchen ebenfalls in die Pfanne geben und kurz mitbraten.

Wenn die Gemüse in der Suppe gar sind, den Inhalt der Pfanne dazugeben und die Petersilie einrühren. Jetzt die Suppe herzhaft mit Senf, Maggi, Salz und Pfeffer abschmecken und heiß servieren.

Erbsensuppe – die Feiertagsversion

Manchmal darf man auch sündigen. Und so unterstützen in dieser Suppe Zucker, Butter und Sahne den Geschmack des zarten Gemüses. Unbedingt probieren! Das „Hüftgold“ können Sie sich ja anschließend bei einem schönen Spaziergang am Rhein wieder abtrainieren.

Zutaten

100 g Butter
50 g weiße Zwiebel
1 Knoblauchzehe
300 g ausgepulte Erbsen
100 g Zuckerschoten
1 Msp Puderzucker
Salz, Pfeffer, Muskat
500 ml heiße Gemüsebrühe
1 TL frisch gehackte Minzeblätter
1 TL gehackte Petersilie
40 g Weißbrotwürfel ohne Rinde
100 ml Sahne

Zubereitung

In 20 g Butter die in feine Streifen geschnittene Zwiebel und den gehackten Knoblauch anschwitzen. Erbsen und Zuckerschoten zufügen, mit Puderzucker bestäuben und kurz anschwitzen. Würzen und die Brühe angießen. Nach 10 Minuten leichtem Köcheln mit dem Pürierstab fein pürieren. 50 g Butter in einer Pfanne hell bräunen (Nussbutter) und in die Suppe gießen. Minze und Petersilie einrühren.

In 30 g heißer Butter die Weißbrotwürfel knusprig ausbacken. Die Sahne schlagen.

Die Suppe in gewärmte Teller geben, einen Schlag Sahne in die Mitte setzen und darauf einige Brotwürfel verteilen.

Tipp

Natürlich können Sie auch Tiefkühlerbsen verwenden. Sollte Ihnen diese Variante zu fett für jeden Tag sein, können Sie die Schlagsahne zum Schluss auch weglassen, aber bitte nicht auf die „Nussbutter“ verzichten. Sie verbessert den Geschmack wirklich entscheidend.

Linseneintopf

Zubereitung

Die Linsen 2–3 Stunden in kaltem Wasser einweichen. Anschließend in reichlich Salzwasser etwa 15 Minuten garen. In einem Sieb abtropfen lassen. Den Speck und das Gemüse fein würfeln und in der Butter 5 Minuten bei kleiner Hitze in einem großen Topf andünsten. Die Tomaten mit dem Saft sowie die heiße Brühe beifügen. Die Thymianzweige einlegen und den Eintopf etwa 25–30 Minuten bei kleiner Hitze garen. Die Kartoffeln schälen, waschen und in kleine Würfel schneiden. In den letzten 15 Minuten zusammen mit den Linsen in den Eintopf geben. Die Mettwürstchen in Stücke schneiden und zum Schluss in die Suppe geben. Mit wenig Salz und ordentlich Pfeffer herzhaft abschmecken.

Zutaten

400 g grüne Linsen
200 g durchwachsener Speck
2 Zwiebeln
2 Möhren
100 g Knollensellerie
50 g Butter
1 große Dose Tomaten
200 ml kräftige Fleischbrühe
2 Zweige Thymian
500 g Kartoffeln
4 Mettwürstchen
Salz, Pfeffer

Kartoffelsuppe

Zubereitung

Die Butter in einem ausreichend großen Bräter auslassen und darin die fein geschnittene Zwiebel anbraten. Die Kartoffeln pellen und in eine Schüssel reiben. Dann die geriebenen Kartoffeln, die fein gehackte Petersilie und den in feine Streifen geschnittenen Lauch zu den Zwiebeln in den Topf geben und etwa 3 Minuten bei leichter Hitze dünsten. Mit Fleischbrühe ablöschen und mit der Sahne auffüllen. Etwa 15–20 Minuten bis zur gewünschten Konsistenz einkochen lassen. Kräftig mit den Gewürzen abschmecken. Wer möchte, kann die Suppe auch zum Schluss fein pürieren.

Zutaten

30–40 g Butter
1 Zwiebel
500 g Pellkartoffeln
1/2 Bund Petersilie
1/2 Stange Lauch
1 l kräftige Fleischbrühe
200 ml Sahne
Majoran
Salz, Pfeffer, Muskat

Kartoffelsuppe – gegen Vampire

Zutaten

20 ml Olivenöl
100 g Frühlingszwiebeln
100 g Knoblauchzehen (das ist kein Druckfehler)
1 kg Kartoffeln
1 1/2 l heiße, kräftige Gemüsebrühe
Salz, Pfeffer
100 ml Sahne

Für die Einlage
30 g Knoblauch
20 g Frühlingszwiebeln
Olivenöl
200 g Kartoffeln
100 g Champignons oder Pfifferlinge
Salz, Pfeffer
Schnittlauchröllchen

Zubereitung

Olivenöl erhitzen und darin die in dünne Streifen geschnittenen Frühlingszwiebeln und den gehackten Knoblauch dünsten. Die geschälten und in Stücke geschnittenen Kartoffeln dazugeben und kräftig anschwitzen. Mit der heißen Brühe ablöschen. Salzen und pfeffern. Aufkochen lassen und bei geschlossenem Deckel so lange köcheln, bis die Kartoffeln weich sind. Die Sahne dazugeben. Die Suppe mit dem Pürierstab fein pürieren. Abschmecken und warm halten.
Für die Einlage gehackten Knoblauch und in Streifen geschnittene Frühlingszwiebeln in Olivenöl anschwitzen. Kartoffeln schälen und in sehr kleine Würfel schneiden. Die Kartoffelstückchen und die geputzten, gehackten Pilze zu dem Knoblauch geben und in ca. 10 Minuten goldgelb braten. Würzen und mit Schnittlauch bestreuen. Die Einlage in die Suppenteller geben und mit der heißen Suppe auffüllen.

Tipp

Geschmack an eine Kartoffelsuppe zu bringen, ist schon sehr schwierig. Die Knolle hat ja nicht wirklich Eigengeschmack. Deshalb sind hier zwei Dinge sehr wichtig. Die Brühe muss wirklich kräftig „gemüsig“ schmecken und die Einlage sollte herzhaft sein. Auf Wunsch können der Einlage auch noch ausgelassene Speckstreifen beigefügt werden.

Schnibbelbohnensuppe

Zubereitung

Die hohe Rippe und die halbierte Zwiebel zusammen mit dem Lorbeerblatt in der Brühe ca. 90 Minuten köcheln lassen. Danach das Fleisch aus der Brühe nehmen, auskühlen lassen und in Würfel schneiden. Die Brühe durchsieben.
Die Schnibbelbohnen abtropfen lassen und in die Brühe geben. Zwiebeln und Möhren schälen, fein würfeln und ebenfalls mit in die Suppe geben. 30 Minuten köcheln lassen. Den Lauch putzen, längs vierteln und in feine Streifen schneiden. Die Kartoffeln schälen und würfeln. Die Mettwürste in daumendicke Scheiben schneiden. Alles zusammen 15 Minuten vor Ende der Garzeit in die Suppe geben.
5 Minuten vor dem Servieren die Fleischstücke aus der hohen Rippe in die Schnibbelbohnensuppe geben und diese herzhaft mit Pfeffer abschmecken. Die Suppe mit einem Klatsch saurer Sahne oder Crème fraîche servieren.

Zutaten

1 kg hohe Rippe
1 große Zwiebel
1 Lorbeerblatt
1 1/2 l Gemüsebrühe
1 kg saure Bohnen, in Milchsäure gegoren
500 g Zwiebeln
2 Möhren
2 Stangen Lauch
500 g Kartoffeln
2 Mettwürste
Pfeffer
saure Sahne oder Crème fraîche nach Geschmack

Kölschsuppe

Ob die Kölschsuppe wirklich ein kölsches Gericht ist, bleibt fraglich. Wahrscheinlich stammt sie aus dem süddeutschen Raum, wo das Bier immer schon zu den Grundnahrungsmitteln gehörte. Alle deutschen Regionen haben aber eine ähnliche Suppe auf ihrer Speisekarte, jeweils mit lokalem Bier zubereitet.

Zutaten

40 g Weißbrot
30 g Butter
4 Eigelb
100 g Zucker
200 ml Sahne
1 Flasche Kölsch
1 Zimtstange
Schale von 1 Zitrone

Zubereitung

Die Rinde vom Weißbrot schneiden und würfeln. Die Brotwürfel in einer Pfanne in der Butter goldgelb rösten.
Eigelb mit Zucker schaumig schlagen. Die Sahne dazugeben und sie unter ständigem Rühren erhitzen. Achtung: Die Mischung darf auf keinen Fall kochen!!
Zwischenzeitlich das Bier mit Zimt und Zitronenschale erhitzen. Nach ca. 10 Minuten die Gewürze herausnehmen und vorsichtig das heiße Gewürzbier, unter Rühren, zu der heißen Sahne geben. Dabei den Topf bereits vom Herd nehmen. Die Suppe sofort in tiefen Tellern verteilen und mit den Brotwürfeln garnieren.

Spargelcremesuppe

Viele Leute glauben das Spargelsuppen in der Regel aus der „Tüte“ zubereitet werden und deshalb nicht schmecken können. Das muss aber nicht sein, wie nachstehendes Rezept beweist.

Zubereitung

Spargel schälen und die Köpfe abschneiden. 1 l Wasser mit einer Prise Salz und Zucker erhitzen und die Spitzen 4 Minuten abkochen. Spargelspitzen herausnehmen und das Spargelwasser auf die Seite stellen.
Die Frühlingszwiebeln und die Spargelstangen klein schneiden und in der Butter anschwitzen. Mit dem Weißwein ablöschen und mit dem Spargelwasser auffüllen. In etwa 20 Minuten alles weich kochen und anschließend durch die „Flotte Lotte“ passieren. Erst die Crème double, dann die eiskalte Butter einschlagen und herzhaft abschmecken. Jede Portion Suppe mit 4 Spargelspitzen verzieren. Wem die Suppe so zu dünn ist, kann sie mit etwas aufgelöstem Pfeilwurzelmehl binden.

Zutaten

16 Stangen dicker Spargel
Salz, Pfeffer, Zucker
4 kleine Frühlingszwiebeln
20 g Butter
100 ml Weißwein
100 ml Crème double
60 g eiskalte Butter
evtl. Pfeilwurzelmehl (Tapioka) zum Binden

Tipp

Probieren Sie diese Suppe auch einmal mit frischem grünem Spargel. Noch besser ist der Geschmack, wenn Sie tags zuvor frischen Spargel gekocht haben. Die Schalen in dem Spargelwasser auskochen und dieses am nächsten Tag zur Herstellung der Spargelsuppe verwenden.

Hühnercremesuppe mit Champignons

Zutaten

250 g Hähnchenbrustfilet
500 ml Geflügelbrühe
30 g Butter
15 g Mehl
ca. 1 l Milch
Muskat
400 g Champignons
1 Bund Petersilie
Zitronensaft
Salz, Pfeffer
Calvados
2 Eigelb
200 ml Crème double

Zubereitung

Die Hähnchenbrustfilets in der heißen Geflügelbrühe gar ziehen lassen. Herausheben und fein würfeln. Aus der Butter und dem Mehl eine Mehlschwitze herstellen (s. S. 34) und mit 200 ml Milch ablöschen. Mit Muskat würzen und dicklich einkochen.
Die Pilze fein hacken und anschließend in einem Topf mit dem ganzen Bund Petersilie und etwas Zitronensaft erhitzen. Das entstehende Wasser ganz verkochen lassen. Die dickliche Mehlsauce dazugeben und gut durchrühren. Die Petersilie entfernen und den Topf zunächst beiseite stellen. Die restliche Milch erhitzen. Das Hühnerfleisch hineingeben und fein pürieren. Alles zu dem Pilzpüree geben und mit Salz, Pfeffer, Zitronensaft und Calvados abschmecken. Nochmals erhitzen.
Währenddessen die Eigelb mit der Crème double verrühren. Den Topf vom Herd nehmen und das Eigemisch mit dem Schneebesen einschlagen. Bei Bedarf nochmals vorsichtig erwärmen. Die Suppe darf jedoch nicht mehr kochen.

Gulaschsuppe

Die Partysuppe schlechthin. Sie macht viel Arbeit, aber dafür ernten Sie auch sicherlich viel Lob. Aufgewärmt schmeckt die Suppe mindestens ebenso gut – besonders nach Mitternacht. Dieses Rezept ist daher auch nicht für 4 Personen, sondern für mindestens 12 Partygäste ausgerechnet.

Zubereitung

Die Rindfleischwürfel mit Salz, Pfeffer, Paprika, Kümmel und Majoran gut würzen. Das Schweineschmalz in einem großen Bräter auslassen und die fein gewürfelten Zwiebeln und angedrückten Knoblauchzehen beifügen. Glasig anschwitzen und mit dem Paprikapulver bestäuben. Gut rühren, damit nichts anbrennt. Das Tomatenmark beigeben und mit 200 ml heißer Brühe ablöschen. Die Brühe etwas einkochen lassen. Die Fleischstücke dazugeben und 30 Minuten schmoren. Tomaten häuten und entkernen (s. Küchenpraxis S. 159). Das Tomatenfleisch mit etwas Brühe mischen und mit dem Stabmixer pürieren. Das Tomatenpüree zum Fleisch geben. Auf großer Flamme kochen, bis fast alle Flüssigkeit verkocht ist.
Kartoffeln schälen und würfeln. Paprika würfeln. Kräutersträußchen, Kartoffelstücke und die kleinen Paprikastücke der Suppe beifügen und das Ganze mit der restlichen Brühe auffüllen. Bei sehr kleiner Flamme ohne Deckel 3–4 Stunden köcheln lassen. Währenddessen Kümmel, Fenchel, Curry, Thymian, Nelken, Pfefferkörner und Oregano im Mörser (oder in der Kaffeemühle) zu einem feinen Pulver zerstoßen. Dieses Gewürz 1/2 Stunde vor dem Servieren in die Suppe einrühren. Erst danach abschmecken und eventuell mit Salz, Pfeffer und etwas Cayennepfeffer nachwürzen.

Zutaten

3 kg mageres Rindfleisch (vom Metzger in kleine Stücke geschnitten)
Salz, Pfeffer, Paprikapulver, Kümmel, Majoran
100 g Schweineschmalz
2 kg Gemüsezwiebeln
7 Knoblauchzehen
50 g scharfes Paprikapulver
2 EL konzentriertes Tomatenmark
6 l kräftige Fleischbrühe
1 kg Tomatenfruchtfleisch
1 kg Kartoffeln
5 rote Paprikaschoten
1 Gewürzstrauß (1 Bund Petersilie und 2 Lorbeerblätter)
je 1 TL Kümmel, Fenchelsamen, Currypulver, frische Thymianblättchen
2 Gewürznelken
60 Pfefferkörner
1 Prise Oregano
Cayennepfeffer

Tipp

Natürlich können Sie auch Tomaten aus der Dose nehmen und anstatt Brühe Wasser. Es geht dann viel schneller, aber das Ergebnis ist nicht ganz das Gleiche.

Maronensuppe

Ein Pflichtprogramm im Oktober. In der Stadt gibt es die Stände mit den gebratenen Maronen. Die mag ich weniger, aber „meine“ Maronensuppe esse ich ausgesprochen gerne. Ausnahmsweise mache ich mir hier nicht die Arbeit mit frischen Maronen, sondern greife auf die für diesen Zweck gut geeignete vakuumverpackte Ware aus Frankreich zurück.

Zutaten

200 ml Gemüsebrühe
200 g Maronen (netto, nach dem Schälen)
100 g Knollensellerie
250 ml Sahne
3 Knoblauchzehen
Salz, Pfeffer,
Muskat
Zucker

Zubereitung

Die Brühe mit den Maronen in einem Topf erhitzen. Den Sellerie schälen und in 4 Stücke zerteilt zufügen. Bei schwacher Hitze 30 Minuten köcheln. Den Sellerie entfernen und die Maronen in der Brühe mit dem Stabmixer pürieren. Anschließend so viel Sahne zufügen, dass die Suppe eine schöne Konsistenz erhält. Den gehackten Knoblauch einrühren und mit den Gewürzen herzhaft abschmecken.

Selleriesuppe

Zutaten

1 Gemüsezwiebel
200 g Kartoffeln
600 g Knollensellerie
Olivenöl
1 l kräftige Gemüsebrühe
250 ml Sahne
1 Zweig Thymian
Salz, Pfeffer
3 EL Zitronensaft
4 EL klein geschnittener Schnittlauch

Zubereitung

Die Zwiebel häuten, die Kartoffeln schälen und den Sellerie putzen. Zwiebel, Kartoffeln und Sellerie in kleine Würfel schneiden. In einem Suppentopf das Olivenöl erhitzen und die Gemüse darin leicht anschmoren. Mit heißer Brühe und Sahne ablöschen. Den Thymianzweig beigeben, salzen, pfeffern und den Zitronensaft einfüllen. Ohne Deckel auf kleiner Flamme ca. 30 Minuten kochen lassen. Den Thymianzweig entfernen. Die Suppe mit dem Pürierstab fein pürieren und mit den Schnittlauchröllchen garniert servieren.

Mayonnaise

Zubereitung

Die sauber getrennten Eigelb in eine fettfreie Schüssel (am besten nicht aus Plastik) geben. Essig und Senf untermischen und mit dem Rührmixer schaumig schlagen. Jetzt unter ständigem Schlagen das Öl tropfenweise einlaufen lassen. Die Ölmenge richtet sich nach der Größe der Eigelb und der gewünschten Konsistenz. Wenn die Mayonnaise schön steif ist, mit Salz und Pfeffer würzen und mit Zitrone abschmecken.

Zutaten

2 Eigelb
1 EL Weißweinessig
1 EL Dijonsenf
Pflanzenöl
1 EL Olivenöl nach Geschmack
Salz, weißer Pfeffer
Zitronensaft

Tipp

Eier und Öl müssen Zimmertemperatur haben, da sich die Mayonnaise sonst nicht verbindet. Ansonsten können von dieser Basismayonnaise ausgehend verschiedene andere Geschmacksrichtungen hergestellt werden. Für eine Cocktailsauce fügen Sie etwas Cognac und Tomatenmark bei, für die Aioli fein gestampften Knoblauch. In jedem Fall ist die Mayonnaise schnell und einfach herzustellen und ist geschmacklich nicht mit der gekauften Glasware zu vergleichen. Das Olivenöl gibt der Mayonnaise eine feine Abrundung. Wenn man es ausschließlich verwendet, wird sie jedoch leicht bitter.
Man rechnet etwa pro Eigelb 100–200 ml Öl.
Der Weltrekord liegt bei 24 l Öl auf 1 Eigelb.

Sauce béarnaise

Dies ist die warme Variante der Mayonnaise. Wunderbar zu Spargel oder Steaks. Ideal auch zu einer gemischten Gemüseplatte.

Zutaten

3 EL Estragonessig
3 EL Weißwein
1 EL fein gehackte Schalotten
170 g Butter
3 Eigelb
Salz, Pfeffer
3 EL fein gehackter, frischer Estragon

Zubereitung

Essig, Wein und Schalotten aufkochen. Durch ein feines Haarsieb gießen und die Reste im Sieb gut ausdrücken. Die Butter in einem Töpfchen schmelzen, ohne Farbe nehmen zu lassen. Die Eigelb im heißen Wasserbad aufschlagen, dann tropfenweise die flüssige Butter dazugeben. Vorsicht! Wirklich nur allerkleinste Mengen einschlagen, sonst gerinnt die Sauce. Wenn sie zu dicken beginnt, kann man die flüssige Butter in einem dünnen Strahl einlaufen lassen. Zum Schluss, abseits des Herdes, die Würzbrühe einschlagen und mit Salz und Pfeffer würzen. Den gehackten Estragon dazugeben und heiß oder lauwarm servieren.

Tipp

Das Wasserbad darf nicht zu heiß werden, sonst gibt es Rühreier!
Eine Sauce hollandaise wird genauso hergestellt. Sie verwenden jedoch anstelle des Essigsuds und des Estragons nur etwas Zitronensaft zum Abschmecken.

Kräutersenf

Selbst gemachter Senf, das klingt schrecklich kompliziert, ist es aber nicht. Und vor allem: Wir sind dann nicht mehr vom Düsseldorfer Löwensenf abhängig, denn leider erzeugen wir in Köln keinen guten Senf. Dieser Senf ist nicht ganz so fein wie der gekaufte, dafür schmeckt er aber besser.

Zubereitung

Die Senfkörner in der Moulinette so fein wie möglich mahlen. Mit 10 Esslöffeln Wasser verrühren und 1 Stunde quellen lassen. Weißwein- und Balsamessig mit den fein gehackten Kräutern, Salz, Zucker und gehacktem grünen Pfeffer mischen und kurz aufkochen lassen. Vom Herd nehmen und vollständig auskühlen lassen. Unter die Senfmasse rühren. Das Öl zum Schluss tröpfchenweise einschlagen, bis der Senf schön cremig wird. In Gläser abfüllen und im Kühlschrank aufbewahren.

Zutaten

150 g gelbe Senfkörner (ideal: halb helle, halb dunkle)
150 ml bester Weißweinessig
1 EL Balsamessig
3 EL gemischte frische Kräuter (Estragon, Petersilie, Basilikum, Thymian)
1 TL Salz
2 TL Zucker
1 EL gehackte grüne Pfefferkörner
4 EL Pflanzenöl

Kalte Senfsauce

Zubereitung

Crème fraîche, Marmelade, Senf und Meerrettich verrühren und salzen. Chilischote fein würfeln, Limettenschale abreiben und eine Hälfte der Limette auspressen. Alles zusammenrühren und mit Cayennepfeffer, Paprikapulver und Öl abschmecken.

Zutaten

400 ml Crème fraîche
50 g Aprikosenmarmelade
50 g süßer Senf
40 g Sahnemeerrettich
Salz
1 rote Chilischote
1 Limette
1 TL Cayennepfeffer
1 EL Paprikapulver
4 EL Sonnenblumenöl

Warme Senfsauce

Zutaten

200 ml Sahne
80 g mittelscharfer Senf
weißer Pfeffer

Zubereitung

Sahne und Senf in einem Topf auf die Hälfte einkochen und mit etwas weißem Pfeffer abschmecken.

Warme gebundene Senfsauce

Zutaten

20 g Butter
20 g Mehl
250 ml Milch
250 ml Gemüsebrühe
4 EL mittelscharfer Senf
1 EL Weißweinessig
1 TL Zucker
Salz, Pfeffer
2 Eigelb

Zubereitung

Aus Butter und Mehl eine Mehlschwitze herstellen (s. S. 34). Währenddessen in einem separaten Topf Milch und Brühe erhitzen. Die Mehlschwitze damit ablöschen und kräftig mit dem Schneebesen schlagen. 10 Minuten köcheln lassen. Sollte die Sauce zu dünn sein, noch etwas länger einkochen lassen.
Den Senf einrühren und mit Essig, Zucker und Gewürzen abschmecken. Den Topf vom Herd nehmen und die Eigelb einschlagen. Die Sauce darf jetzt nicht mehr kochen.
Passt zu pochierten Eiern oder gedünstetem Fisch.

Meerrettichsauce

Zubereitung

Das durch das Erwärmen flüssig gewordene Gelee mit der Crème double mischen. Anschließend den Senf und dann den Meerrettich einrühren. Mit Salz und Pfeffer abschmecken. Die Sauce passt ausgezeichnet zu kaltem Fleisch und kaltem Braten.

Zutaten

1 EL rotes Johannisbeergelee
5 EL Crème double
1 TL extra scharfer Senf
4 EL fein geriebener, frischer Meerrettich
Salz, Pfeffer

Tipp

Der frische Meerrettich, in Bayern auch Kren genannt, kommt im Oktober oder November auf den Markt. Dann schmeckt er am besten, d. h. sehr scharf. Das ganze Jahr über gibt es ihn nur als bereits fertige Creme in kleinen Gläsern zu kaufen. Hier trägt er meist seinen französischen Namen „raifort".

Remouladensauce

Zubereitung

Gurken und Kräuter fein hacken. Sardellenfilets wässern, trockentupfen und fein hacken. Kapern abspülen und abtropfen lassen. Alles unter die Mayonnaise mischen. Mit Senf, Salz, Pfeffer und einer Prise Zucker würzen. Im Kühlschrank etwas durchziehen lassen. Die Sauce kann gut zu Fleisch oder Eiern serviert werden.

Zutaten

60 g Gewürzgurken
1/2 Bund krause Petersilie
1/2 Bund Kerbel
5 Zweige Estragon
4 Sardellenfilets
140 g kleine Kapern
1 Portion frische Mayonnaise (s. S. 46)
2 EL Senf
Salz, Pfeffer, Zucker

Kartoffelgerichte

Reibekuchen

Wenn Sie eine Beilage wünschen, versuchen Sie meine Kartoffelsuppe (s. S. 38). Aber auch mit frischem Apfelkompott (s. S. 146), mit Lachs und scharfem Meerrettich oder mit lecker angemachtem Tatar (s. S. 88) sind sie ein Gedicht.

Zubereitung

Kartoffeln sehr fein reiben. Die Zwiebel ebenfalls klein reiben. Die Masse in ein sauberes Küchentuch schütten und durch Drehen das Wasser herauspressen. Alternativ die Masse in ein sehr feinmaschiges Küchensieb geben. In beiden Fällen die austretende Flüssigkeit in einer Schüssel auffangen. Etwa 10 Minuten warten. Anschließend die obere Flüssigkeitsschicht vorsichtig abgießen. Auf dem Schüsselboden befindet sich jetzt die ausgetretene Kartoffelstärke. Die Petersilie fein hacken. Die Kartoffelmasse in eine Schüssel geben und mit den Gewürzen, der Petersilie, der gewonnenen Kartoffelstärke und den Eiern mischen. Pflanzenöl erhitzen und die Kartoffelmasse löffelweise in die Pfanne geben. Dabei mit dem Löffelrücken dünn ausstreichen und von beiden Seiten knusprig ausbacken. Heiß essen.
Reibekuchen brauchen keine Begleitung, sie schmecken solo wunderbar.

Zutaten

1,5 kg mehlig kochende Kartoffeln
1 große Gemüsezwiebel
1 Bund Petersilie
Salz, Pfeffer, Muskat
einige Spritzer Maggi
2 Eier
Pflanzenöl

Tipp

- Die Reibekuchen müssen in ordentlich viel Öl ausgebacken werden. Sie können anschließend zum Entfetten kurz auf ein Stück Küchenkrepp gelegt werden.
- Immer zuerst einen Probekuchen backen, um zu sehen, ob die Würze stimmt. Dies bedeutet: zunächst eher vorsichtig würzen und eventuell nach der Probe nachbessern.
- Die Reibekuchen müssen heiß gegessen werden. Je kälter sie werden, desto weniger knusprig sind sie. Daher empfiehlt es sich, in mehreren Pfannen gleichzeitig zu braten.
- Ein letztes: Egal, was sie sonst wo lesen: Reibekuchen benötigen kein Mehl!!!

Topfkuchen

Diese familienfreundliche Variante der Reibekuchen war in früheren Zeiten sehr weit verbreitet. Meist wurde sie „Puttes" genannt, obwohl schon wenige Kilometer weiter westlich, in Aachen, mit Puttes die Blutwurst gemeint war. Der Verbreitungsgrad hing wohl auch mit den damaligen Kochmöglichkeiten zusammen. Diesen Kartoffelauflauf konnte man in einem schweren gusseisernen Topf einfach in den mit Holz befeuerten Ofen stellen und musste sich nicht allzu sehr darum kümmern.

Zutaten

3 kg Kartoffeln
3 große Zwiebeln
5 Eier
Salz, Pfeffer, Muskat
etwas Maggi
150 g Trockenpflaumen
etwas Öl
750 g frische Bratwurst
6–8 Scheiben geräucherter Speck

Zubereitung

Kartoffeln fein reiben und in ein feinmaschiges Sieb geben. Gut abtropfen lassen, dabei die Flüssigkeit in einer Schüssel auffangen. Die Zwiebeln ebenfalls fein reiben und zusammen mit den Kartoffeln in eine Schüssel geben. Das Kartoffelwasser vorsichtig abschütten und die Stärke, die sich am Schüsselboden gesammelt hat, zur Kartoffelmasse geben. Die Eier zufügen und gut durchmengen. Mit Salz, Pfeffer, Muskat und etwas Maggi würzen. Die Trockenpflaumen einweichen.

Einen großen, hohen Topf oder Bräter mit Öl einpinseln. Die Bratwurst in heißem Fett kurz von allen Seiten anbraten und auf Küchenkrepp entfetten. Den Boden des Bräters mit den Speckscheiben auslegen und ein Drittel des Kartoffelteigs in die Form geben. Darauf die Hälfte der Bratwurst sowie die Hälfte der Pflaumen verteilen. Diese Prozedur noch einmal wiederholen und die Arbeit mit dem letzten Drittel Kartoffelteig beenden. Im Backofen bei 220 °C mindestens 90 Minuten backen, bis eine goldbraune Kruste entstanden ist. Am besten schmecken ein Kölsch und frischer Salat dazu!

Bratkartoffeln

Hier gibt es einige grundlegende Varianten. Entscheidend ist, ob die Kartoffel roh, gekocht oder als Pellkartoffel gebraten wird. Auf Mengenangaben habe ich verzichtet; es geht hier nur um die einzelnen Zubereitungsarten.

Bratkartoffeln aus Pellkartoffeln

Kartoffeln pellen und in gleichmäßige Scheiben schneiden. Olivenöl in einer beschichteten Pfanne erhitzen und die Kartoffeln in das heiße Öl geben. Mit Salz, Pfeffer und Rosenpaprika würzen und zunächst auf einer Seite knusprig braten. Anschließend wenden und nochmals knusprig ausbraten. Achten Sie darauf, dass nicht zu viele Kartoffeln in einer Pfanne sind, so wird das Bratergebnis deutlich besser. Der Paprika ist weniger für den Geschmack als für ein gutes Bratergebnis bedeutsam.

Die Pellkartoffeln niemals frisch oder noch warm braten. Das Ergebnis wäre vernichtend. Eine Nacht mit Schale im Kühlschrank auskühlen lassen und vor dem Braten gut trockentupfen bringen das richtige Resultat.

Rohe Scheibenkartoffeln

Schalotte und Knoblauchzehen sehr fein hacken. Kräuter waschen, trocknen und ebenfalls fein hacken. Alle Zutaten mit der zimmerwarmen Butter verkneten. Mit Wein, Salz und Pfeffer abschmecken. Anschließend bis zum Gebrauch kalt stellen.

Rohe Würfelkartoffeln

Diese Bratkartoffeln unterscheiden sich äußerlich nur in der Form von den Scheibenkartoffeln, schmecken aber tatsächlich ganz anders. Hierfür werden die rohen Kartoffeln in kleine Würfel geschnitten und wie oben gewässert und gründlich abgetrocknet. Eine gute Menge Olivenöl in einer großen Pfanne erhitzen. Einen Zweig Rosmarin ins heiße Öl legen und die Kartoffelwürfel einlegen. Erst zum Schluss salzen. Weitere Gewürze sind möglich, aber nicht nötig. Der besondere Geschmack dieser Würfelchen liegt daran, dass die Kartoffel sechs Seiten hat, an denen sie bräunen kann, im Gegensatz zu den 2 Seiten der Scheibenkartoffeln. Dies ist auch eine sehr gute Alternative zu Pommes frites, wenn keine Fritteuse vorhanden ist.

Versuchen Sie auch einmal die Bratkartoffeln in Rapsöl zu braten. Sie schmecken dann etwas rauchig und erinnern an die Zeit, als noch auf echten Kohleherden gekocht wurde.

Pommes frites

Zunächst werden Sie sagen: Fritten sind ja wohl kein kölsches Gericht. Aber wie! Die Kölner sind verrückt auf Kartoffeln und auf Pommes frites. Kein Grundnahrungsmittel wird mehr gegessen. Also ist es auch ein kölsches Gericht. Dass die ganze restliche Welt auch Fritten isst, ist doch wohl kein Gegenbeweis. In jedem Falle möchte ich ihnen nicht vorenthalten, wie man die leckeren Kartoffelstäbchen selbst herstellt.
Lange gab es Pommes nämlich nur noch bei McDonald's oder ähnlichen Schnellrestaurants. Die Zeit scheint vorbei. Immer häufiger findet man wieder richtige Frittenbuden. Damit ist bereits gesagt: Fritten sind noch lange nicht gleich Fritten. Die Geschmackspalette ist breit. Dabei ist unerheblich, ob Sie sich zum Schluss Ketchup, Mayonnaise, Senf oder nur Salz auf die Fettstäbchen tun, zunächst einmal muss die Basis stimmen und die geht so:

Zubereitung

Kartoffeln schälen und in Stäbchen schneiden (5 x 5 mm ist belgisches Gardemaß). Die Kartoffeln waschen und gründlich abtrocknen. Die Fritteuse auf 180 °C heizen und die Kartoffeln in kleinen Portionen vorfrittieren. Anschließend auf Küchenkrepp abtropfen lassen. Jetzt die Friteuse auf 200 °C aufheizen und die Fritten abermals in kleinen Mengen in etwa 2 Minuten goldgelb backen. Eine Schüssel mit Küchenkrepp auslegen und die fertigen Fritten dort hineingeben. Salzen und sehr heiß servieren.

Zutaten

1 1/2 kg Frittenkartoffeln
Frittierfett oder Öl

Tipp

Während des Frittiervorganges die Fritten immer wieder schütteln. Sie sollten in Bewegung bleiben, damit sie von allen vier Seiten möglichst gleichmäßig bräunen. Je später Sie salzen, desto besser. Nach dem Salzen werden die Pommes frites schnell matschig. Was sind Frittenkartoffeln? Eine in Deutschland leider berechtigte Frage. In Belgien heißen die Kartoffeln sogar bereits so. Hier sind es meist Bintje. Wenn Sie die falsche Sorte erhalten, nützt die oben geschilderte Arbeit nichts. Deshalb am besten beim Bauern auf dem Wochenmarkt erkundigen. Sollte er Sie falsch beraten: Nächste Woche ist er wieder da!

Kartoffelpüree (Stampes)

Was kann man aus übrig gebliebenen Kartoffeln machen? Kartoffelpü! Aber besser ist natürlich, man kocht die Salzkartoffeln extra dafür. Für diesen Fall nämlich lässt man sie etwas länger kochen, damit die Kartoffeln richtig weich sind.

Zutaten

100 ml Sahne
20 g Butter
Salz, weißer Pfeffer, Muskat
500 g gekochte Salzkartoffeln

Zubereitung

Die Sahne mit der Butter aufkochen. Salzen, pfeffern und mit Muskat würzen. Die Kartoffeln zufügen und mit dem Kartoffelstampfer kräftig stampfen. Wenn das Püree zu fest scheint, noch etwas Butter unterrühren. Nochmals abschmecken und servieren.

Tipp

Das Püree niemals mit dem Mixer bearbeiten, es wird sonst leicht kleistrig. Bitte verwenden Sie auch keine Milch und schon gar keine fettreduzierte Milch. Lieber etwas weniger essen, als den Tapetenkleister auf den Tisch zu bringen, den ich in meiner Jugend genießen durfte.

Stampes mit Erbsen

Sie benötigen die gleiche Menge Erbsen wie Kartoffeln. Die Kartoffeln sehr klein schneiden. Zusammen mit den Erbsen kochen und verfahren wie beim Möhrenpüree. Anstelle der Petersilie eventuell mit etwas Zitronenmelisse verfeinern. Mit Salz, weißem Pfeffer und einer Prise Zucker abschmecken.

Stampes mit Möhren

Für das Möhrenpüree die gleiche Menge Möhren wie Kartoffeln in gleich große Stücke schneiden und gemeinsam zum Kochen aufsetzen. Fertig stellen wie im Grundrezept Stampes beschrieben. Nur mit Salz und Pfeffer würzen. Zum Schluss 2 Esslöffel gehackte Petersilie untermischen. Schmeckt als „karges Mahl" solo oder auch zu Bratwurst oder Frikadellen.

Stampes mit Kräutern

Püree herstellen wie im Grundrezept. Zum Schluss fein gehackte Kräuter zufügen, zum Beispiel Schnittlauchröllchen, Petersilie und Thymianblättchen.

Stampes mit Endiviensalat

Zubereitung

Den Endiviensalat putzen, waschen und in feine Streifen schneiden. Aus Essig, Öl, Senf, Salz und Pfeffer eine Salatsauce rühren. Die Schalotte in feine Streifen schneiden und beifügen. Den Salat in der Sauce wenden. Die Hälfte des Endiviensalates unter das heiße Püree ziehen und diesen auf Teller verteilen. Den übrigen Salat in einer Schüssel auf den Tisch stellen.

Zutaten

1 großer Kopf Endiviensalat
(ca. 800 g)
Essig
Öl
1 TL Senf
Salz, Pfeffer
1 Schalotte
1 Portion Kartoffelpüree
(s. Grundrezept S. 59)

Stampes mit Äpfeln und Zwiebeln

Zutaten

500 g Äpfel
30 g Zucker
50 g Butter
1 große Gemüsezwiebel
1 Portion Kartoffelpüree
(s. Grundrezept S. 59)

Zubereitung

Die Äpfel schälen, entkernen und in Würfel schneiden. Den Zucker in der Pfanne leicht karamellisieren und 30 g Butter dazugeben. Apfelwürfel unter häufigem Wenden darin weich dünsten. In einer separaten Pfanne die restliche Butter auslassen und darin die in feine Ringe geschnittene Zwiebel schön braun braten. Anschließend die Inhalte der beiden Pfannen unter das heiße Püree mischen.

Kartoffelklöße

Es gibt Klöße aus rohen Kartoffeln oder halb rohen und halb gekochten Kartoffeln. Es gibt Klöße mit Füllung oder ohne, aber es gibt bitte keine Tütenklöße!

Zubereitung

Die Pellkartoffeln vom Vortag in eine Schüssel reiben. Die rohen Kartoffeln schälen und in ein feines Sieb reiben. Dabei das Kartoffelwasser in einer Schüssel auffangen (s. Reibekuchen S. 54). Beide Kartoffelsorten mit den restlichen Zutaten mischen. Zum Schluss das aufgefangene Kartoffelwasser vorsichtig abgießen. Auf dem Topfboden befindet sich jetzt die Kartoffelstärke. Diese ebenfalls noch in den Kloßteig einarbeiten. Würzen und einen kleinen Probeknödel formen. Wenn dieser beim Kochen auseinander fällt, noch etwas Mehl zufügen. Der Teig sollte sich elastisch anfühlen.
Für die Füllung das Brötchen in kleine Würfel schneiden und in der Butter in einer Pfanne goldbraun ausbacken. In jeden Kloß 2–3 Croûtons drücken und den Kloß mit feuchten Händen rund formen. Mit Hilfe eines Löffels in reichlich kochendes Salzwasser geben und in etwa 20 Minuten gar ziehen lassen.

Zutaten

400 g mehlig kochende Pellkartoffeln
1 kg mehlig kochende rohe Kartoffeln
100 ml Milch
2 Eigelb
80 g Mehl
Salz, Pfeffer, Muskat
evtl. etwas Mehl

Für die Füllung
1 altbackenes Brötchen
20 g Butter

Tipp

Für ein kräftiges Essen können auch noch magere gewürfelte und in der Butter ausgelassene Speckwürfel zu den Croûtons gegeben werden. Wie erwähnt, kann man die Füllung auch ganz weglassen. Die Klöße halten besser zusammen, wenn sie in das Kochwasser vorher 1 Teelöffel in Wasser aufgelöstes Stärkemehl geben. Die Reste der Klöße können am nächsten Tag, in Scheiben geschnitten, in Salz- oder Speckbutter gebraten werden. Dazu schmeckt dann Apfelkompott (s. S. 146). Oh, du schöne Resteküche!

Kartoffelklöße – die italienische Variante

Einfach mal ausprobieren, was die Römer hier vergessen haben!
Hieran sieht man einmal mehr, wie oft es zu Überschneidungen der einzelnen Küchen kommt. Trotz nur leichter Abwandlungen entsteht ein ganz anderes Gericht, schon allein, weil die in Italien „Gnocchi" genannten Klöße viel kleiner sind als die deutschen. Während unsere Klöße üblicherweise mit einem Braten serviert werden, isst man die italienischen Gnocchi mit Salbeibutter, kräftiger Tomatensauce oder Pesto, in jedem Fall aber mit frisch geriebenem Parmesan.

Zubereitung

Die Kartoffeln mit Schale in etwas Wasser aufsetzen und garen. Noch heiß schälen und sofort durch die Kartoffelpresse in eine Schüssel drücken. Das Eigelb darunter mischen und nach und nach so viel Mehl hineinkneten, dass ein homogener Teig entsteht. Eine genaue Mengenangabe ist nicht möglich. Die Mehlmenge richtet sich ganz nach der verwendeten Kartoffelsorte. Der Teig sollte nicht mehr an den Händen kleben. Würzen und in 3 cm dicke Rollen formen.
Von diesen Rollen jeweils eine haselnussgroße Menge abschneiden. Die Klößchen ein zeln auf ein gut bemehltes Handtuch setzen. Jetzt reichlich Salzwasser erhitzen und die Gnocchi hineingeben. Sobald sie oben schwimmen, sind sie gar. Herausnehmen und sofort mit der gewünschten Sauce mischen.

Zutaten

500 g mehlig kochende Kartoffeln
1 Eigelb
ca. 200 g Mehl
Salz, Pfeffer, Muskat

Tipp

Geben Sie zunächst zu den durchgedrückten Kartoffeln noch etwa 50 g frisch geriebenen Parmesan und verfahren dann weiter wie oben beschrieben. Das verfeinert den Geschmack erheblich.Die beste Sauce hierzu ist gleichzeitig auch die Einfachste. Butter langsam in der Pfanne auslassen, bis sie zu bräunen beginnt. Salbeiblätter darin leicht anrösten und die Klößchen kurz hineingeben. Dazu einfach frisch geriebenen Parmesan reichen und ein Glas kalten Weißwein. Im Sommer ein unvergleichlich leckeres Mittagessen. Sollten Sie keine mehlig kochenden Kartoffeln bekommen, was leider immer häufiger der Fall ist, müssen Sie einfach etwas mehr Mehl verarbeiten.

Kartoffelgulasch

Zutaten

1 kg fest kochende Kartoffeln
100 g magerer, durchwachsener Speck
2 EL Schweineschmalz
1 dicke Gemüsezwiebel
1 EL Tomatenmark
1 TL Paprikapulver
4 Knoblauchzehen
Salz
1 TL Kümmel
1 TL Majoran
2 Lorbeerblätter
600 ml kräftige Gemüsebrühe
je 1/2 grüne, rote, gelbe Paprikaschote
4 Mettwürste
1 TL Weißweinessig
Zucker

Zubereitung

Die Kartoffeln schälen, vierteln und waschen. Den Speck fein würfeln und in dem heißen Schmalz in einem großen Bräter auslassen. Die grob gehackte Zwiebel beifügen und glasig dünsten. Das Tomatenmark einrühren. Mit Paprikapulver, gehacktem Knoblauch, Salz, Kümmel, Majoran und Lorbeerblättern würzen.
Die Kartoffelstücke in den Gulaschtopf einrühren und kurz anschmoren. Die Brühe erhitzen und in den Topf geben. Der Inhalt des Topfes sollte von der Flüssigkeit knapp bedeckt sein. Ohne Deckel 30 Minuten sanft köcheln. Die Paprikaschoten fein würfeln und zusammen mit den in Scheiben geschnittenen Mettwürsten 5 Minuten vor Garende in den Gulasch einrühren. Mit Essig, Salz und Zucker abschmecken und in Suppentellern servieren.

Gemüse

Rotkohl

Zubereitung

Die äußeren Blätter des Rotkohls entfernen. Den Kopf halbieren und den harten Strunk herausschneiden. Den Kohl auf dem Gemüsehobel oder mit einem scharfen Gemüsemesser in sehr dünne Streifen schneiden. In eine Schüssel geben, kräftig salzen und mit dem Essig übergießen. Mindestens 2 Stunden ziehen lassen.
Apfel schälen und entkernen. Zwiebel und Apfel fein reiben. In einem Schmortopf die Butter auslassen und das Zwiebel-Apfel-Mus hineingeben. Rotkohl mit dem gezogenen Saft zufügen. Zucker dazugeben, kurz schmoren und dann salzen und pfeffern. Mit Rotwein und Brühe aufgießen. Die Gewürze in ein Gewürzsäckchen (siehe Küchenpraxis S. 158) binden und mit hineingeben. Dann die Preiselbeeren einrühren und zugedeckt bei schwacher Hitze 30 Minuten garen. Das Gewürzbeutelchen vor dem Servieren entfernen.

Zutaten

1 kg Rotkohl
Salz, Pfeffer
100 ml Rotweinessig
1 Apfel
1 Zwiebel
30 g Butter
1 EL Zucker
125 ml Rotwein
100 ml kräftige Fleischbrühe
1 kleines Lorbeerblatt
1 kleine Zimtstange
1 Gewürznelke
50 g Preiselbeeren

Sauerkraut

Sauerkraut entsteht durch Milchsäuregärung, wenn man Weißkohl in Salzlake legt. Das kann man auch sehr einfach selbst machen. Den Weißkohl fein schneiden und schichtweise in einen Steinguttopf legen. Jede Lage mit Salz bedecken. Zum Schluss ein mit einem Stein beschwertes Brett auflegen und an einem kühlen Ort 3 Wochen stehen lassen.

Zutaten

40 g Schweineschmalz
700 g Sauerkraut
1 Scheibe durchwachsener Räucherspeck
1 Lorbeerblatt
1 EL Kümmel
3 zerstoßene Wacholderbeeren
ca. 400 ml Rieslingwein
4 EL Apfelkompott
1 kleine Kartoffel
Pfeffer

Zubereitung

Das Schmalz in einem Schmortopf auslassen. Das Sauerkraut ungewaschen dazugeben und anschwitzen. Anschließend den Räucherspeck einlegen. Lorbeer, Kümmel und Wacholderbeeren dazugeben und mit der Hälfte des Weins ablöschen. Bei schwacher Hitze 40 Minuten garen. Nach der Hälfte der Kochzeit den restlichen Wein und das Apfelkompott zufügen. Zum Schluss eine rohe, geschälte Kartoffel in das Kraut reiben und mit Pfeffer abschmecken.

Bemerkung

Das Elsässer Sauerkraut wird auf die gleiche Weise zubereitet. Legen Sie hierbei nur noch Mettwürste und dünne Kasslerscheiben mit in den Topf. Sollte das Kassler zu dick sein, vorher kurz abkochen. Zum Essen brauchen Sie dann scharfen Senf, jede Menge Riesling und zum Schluss einen Schnaps.

Tipp

Kaufen Sie das Sauerkraut bei einem guten Metzger. Die abgepackte Ware im Supermarkt ist wirklich nur noch sauer und muss in jedem Falle vor der Zubereitung gewässert werden. Feiner wird es, wenn Sie die Gewürze in ein Gewürzsäckchen (siehe Küchenpraxis S. 158) binden und hinterher entfernen. Die Kartoffel ist ein schönes Bindemittel.

Wirsinggemüse

Zubereitung

Die äußeren Blätter des Wirsings entfernen. Den Wirsing in einzelne Blätter zerlegen und jeweils den Mittelstrunk herausschneiden. Die Wirsingblätter mit einem großen Küchenmesser in feine Streifen schneiden und in kochendem Wasser 1 Minute blanchieren. Anschließend unter kaltem Wasser abschrecken und mit einem sauberen Küchentuch oder mit Küchenkrepp trocknen. Gänseschmalz in einem Topf zerlassen und den klein gehackten Knoblauch und die ebenfalls fein gehackten Zwiebeln auslassen. Den gut getrockneten Wirsing dazugeben. Würzen und bei niedriger Hitze in etwa 5 Minuten weich dünsten. Zum Schluss die Sahne angießen und einmal aufkochen lassen. Mit Salz, Pfeffer und etwas Muskat abschmecken.

Zutaten

1 kg Wirsing
4 EL Gänseschmalz
1 Knoblauchzehe
80 g Zwiebel
100 ml Sahne
Salz, Pfeffer, Muskat

Tipp

Dieses Wirsinggemüse schmeckt auch hervorragend als Stampes (s. S. 60). Dafür allerdings die Sahne weglassen und nach Fertigstellung mit einer Portion heißem Kartoffelpüree mischen.

Rosenkohl in Sahnesauce

Zutaten

400 g Rosenkohl
125 ml Sahne
40 ml Noilly Prat (franz. Wermut)
50 g eiskalte Butter
Salz, Pfeffer, Muskat

Zubereitung

Den Rosenkohl putzen und die Blätter einzeln abziehen. Den harten inneren Kern entfernen. (Diesen bekamen früher auf den Bauernhöfen immer die Schweine.) Die Blättchen in ein Sieb geben und mit kochend heißem Wasser übergießen.
Sahne und Noilly Prat aufkochen und auf ein Viertel reduzieren. Die kalte Butter einrühren und mit den Gewürzen abschmecken. Die Rosenkohlblättchen dazugeben und kurz durchziehen lassen.

Kohlrabi-Nudeln

Zutaten

2 kleine Kohlrabi
40 g Butter
100 ml Sahne
Salz, weißer Pfeffer

Zubereitung

Die Kohlrabiknollen schälen und mit einer Aufschnittmaschine oder einem einstellbaren Gemüsehobel in hauchdünne Scheiben schneiden. Danach mit einem Gemüsemesser die Scheiben in die Form von breiten Bandnudeln schneiden. Die Butter in einer hohen Pfanne zerlassen und die Kohlrabinudeln darin anschwitzen. Die Sahne angießen und ganz verkochen lassen. Sollten die Kohlrabi dann noch nicht gar sein, noch etwas Sahne angießen. Mit Salz und weißem Pfeffer würzen.

Tipp

Auf diese Art geformte Gemüsenudeln können Sie auch mit Fenchel, Steckrüben oder Sellerie machen. Bei diesem Gericht liegt der Erfolg in der besonders feinen Schnitttechnik.

Spitzkohl mit Speck

Zubereitung

Den Ofen auf 180 °C vorheizen. Den Kohlkopf halbieren und den Strunk entfernen. Das Kraut in größere Stücke schneiden.
In einem Schmortopf 3 Esslöffel Zucker leicht karamellisieren und mit dem Essig ablöschen. Das Schmalz dazugeben und hierin die klein gehackten Zwiebeln und den Knoblauch anschwitzen. Kümmel dazugeben und das Kraut einfüllen. Mit Salz, Pfeffer und Muskat würzen. Den Wein angießen und den Topf verschließen. Für 1 Stunde in den Ofen geben. (Kann auch auf dem Herd fertig gestellt werden.) Bei Bedarf etwas Wasser nachgießen.
Den Speck in Würfel schneiden und mit Butter in einer Pfanne langsam auslassen. Wenn das Kraut fertig ist, den Speck einrühren und servieren.

Zutaten

1 kg Spitzkohl
3 EL Zucker
3 EL Obstessig
2 EL Gänseschmalz
200 g Zwiebeln
1 Knoblauchzehe
1 EL Kümmel
Salz, Pfeffer, Muskat
100 ml Weißwein
100 g durchwachsener Speck
1 EL Butter

Rheinischer Grünkohl

Den besten Grünkohl gibt es nach dem ersten Frost. In manchen Familien ist dieses Ereignis Anlass für ein außergewöhnliches „Esserlebnis". Jeder Teilnehmer an der Tafel wird vor dem Essen gewogen. Anschließend verputzen alle so viel Grünkohl wie irgend möglich. Einziges erlaubtes Hilfsmittel ist eine Flasche Klarer. Zum guten Schluss wird der Sieger durch einen erneuten Gang auf die Waage ermittelt und mittels genügend Alkohol gefeiert. Man kann Grünkohl aber auch gesittet essen und zwar folgendermaßen:

Zubereitung

Die geschälten und gewürfelten Kartoffeln zusammen mit dem in feine Streifen geschnittenen Grünkohl für 30 Minuten in der Brühe kochen. Gänseschmalz auslassen und darin die Zwiebel- und die Speckwürfel anbraten. Das Mehl überstäuben, kurz anziehen lassen und mit der Sahne ablöschen. Die Kochbrühe des Grünkohls bis auf wenige Esslöffel abgießen. Die Mischung aus Sahne, Speck und Zwiebeln zum Gemüse geben. Kurz aufkochen lassen und mit den Gewürzen und dem süßen Senf kräftig abschmecken.

Zutaten

500 g Kartoffeln
1,5 kg geputzter Grünkohl
250 ml Gemüsebrühe
40 g Gänseschmalz
2 Zwiebeln
150 g geräucherter Speck
40 g Mehl
200 ml Sahne
Salz, Pfeffer, Muskat
süßer Senf

Stielmus/Rübstielgemüse

Unter Stielmus versteht man die Stiele und Blätter der normalen Speiserüben. Früher war das Stielmus oder Rübstielgemüse in Köln ein beliebtes Gemüse, aber seit zwanzig Jahren wird es kaum noch gegessen. Heutzutage erlebt es aber wieder eine Renaissance. Jetzt wird es mehr und mehr auf den Wochenmärkten angeboten. Gut so!

Zutaten

500 g Stielmus
2 Schalotten
2 Knoblauchzehen
30 g Butter
200 ml Sahne
Salz, Pfeffer, Muskat

Zubereitung

Das Stielmus waschen und grob zerteilen. Obwohl es Stielmus heißt, werden die Blätter mitgegessen. Schalotten und Knoblauch fein hacken und in der Butter anschwitzen. Das noch feuchte Gemüse dazugeben und mitdünsten, bis die Feuchtigkeit verkocht ist. Die Sahne angießen und würzen. In der Sahne gar ziehen lassen.

Grünes Erbsengemüse

Erbsen sind seit meiner Kindheit mein Lieblingsgemüse. Das liegt an ihrer Süße, die beim Kochen nochmals durch Zucker gesteigert werden kann. Die tiefgefrorene Handelsware ist eigentlich ganz in Ordnung. Aber die ersten frischen Erbsen im Mai sind eine Wonne. Hierbei handelt es sich fast ausnahmslos um die Markerbse, die süßeste Sorte. Die runde Palerbse ist nur sehr jung geerntet süß, danach verwandelt sie ihre Süße in Stärke und wird mehlig, weshalb aus dieser Sorte die gehaltvollen getrockneten Erbsen gewonnen werden.
Aus ganz alter Zeit mag ich Erbsen sehr gerne in einer Sahnesauce. Nicht sehr modern, aber zum Beispiel zu Wiener Schnitzel die leckerste Variante, vor allem für Kinder.

Zubereitung

Die Erbsen in Salzwasser kochen und abschütten. Die Sahne im Topf aufkochen und langsam auf die Hälfte einkochen. Wenn die Sahnesauce dick genug ist, mit Salz, Pfeffer und vor allem Zucker würzen. Die Erbsen einrühren und eventuell noch mit einem Stich Butter verfeinern. Die Sauce sollte nicht laufen, sondern dickflüssig sein.
Es kann auch noch eine sehr fein geschnittene Schalotte, die zuvor in Butter weich gedünstet wurde, unter die Erbsen gegeben werden.

Zutaten

400 g ausgepalte Erbsen
oder Tiefkühlerbsen
200 ml Sahne
Salz, Pfeffer, Zucker
evtl Butter
evtl. 1 Schalotte

Tipp

Wem das Einkochen der Sahne zu kompliziert erscheint, kann auch eine Mehlschwitze aus 20 g Butter und 10 g Mehl herstellen (s. S. 34) und diese dann mit Sahne ablöschen. Anschließend noch bei sehr milder Hitze 10 Minuten ausquellen lassen.

Glasierte Möhren

Besonders lecker schmecken die früh geernteten Möhren im Mai, auch Bundmöhren genannt. Sie werden noch mit dem Grün verkauft. Verzichten sollten Sie auf die abgepackte Kaufhausware. Sie hat meist gar keinen Geschmack mehr. Möhren kauft man beim Bauern oder auf dem Wochenmarkt und zwar lose.
Früher wurden Möhren in sehr viel Wasser gekocht und irgendwie mit etwas Butter oder Mehlschwitze auf den Tisch gebracht. Heute wissen wir, je feiner das Gemüse geschnitten ist, desto kürzer ist die Garzeit. Diese fein geschnittenen Möhren brauchen nahezu kein Wasser mehr, sondern können in der Pfanne kurz gar gerührt werden und behalten damit ihren Geschmack und ihre Nährwerte.

Zutaten

500 g Möhren
50 g Butter
1 EL Zucker
50 ml Mineralwasser
Salz, weißer Pfeffer

Zubereitung

Möhren putzen und mit einem Gemüsehobel in gleichmäßige, sehr feine Scheiben schneiden. Butter in der Pfanne auslassen. Den Zucker einrühren und leicht karamellisieren lassen. Möhren dazugeben und unter ständigem Rühren etwa 4 Minuten kräftig braten. Das Mineralwasser zugießen. Wenn es verkocht ist, sollten die Möhrchen fertig sein. Mit Salz und weißem Pfeffer abschmecken.

Tipp

Anstatt Wasser können Sie auch Sahne angießen. Eventuell auch die Sahne erst nach dem Garen mit dem Wasser angießen. Möhren brauchen einfach etwas Fett, auch aus ernährungs-physiologischen Gründen. Unser Körper kann das Karotin der Möhren nämlich nur dann in Vitamin A umwandeln, wenn gleichzeitig Fett zugeführt wird. Übrigens: Ich nehme die Sahne ausschließlich wegen des besseren Geschmacks.

Grüne Bohnen

Bohnen sind aus der kölschen Küche nicht wegzudenken. Dabei war ihr Siegeszug mühselig, weil man im Mittelalter nur die dicken Bohnen kannte. Die Hülsen galten als nicht essbar, was auch auf die damals bekannten Sorten zutraf. Erst aus Italien kamen die grünen, feinen Böhnchen. Von dieser Sorte essen wir heute verschiedene Qualitäten: die etwas derbere Brechbohne, die Prinzessbohne (Haricot vert) sowie die sehr feine Keniabohne.

Zubereitung

Bohnen waschen, putzen und in kochendem Salzwasser 5 Minuten blanchieren. Butter in einem Topf aufschäumen lassen und die gut abgetropften Bohnen hineingeben. Gehackten Knoblauch untermischen und mit Salz und Pfeffer würzen.

Zutaten

500 g grüne Bohnen
Salz, Pfeffer
50 g Butter
2 Knoblauchzehen

Tipp

Versuchen Sie auch die herzhaftere Variante mit zusätzlich 100 g ausgelassenem Speck in kleinen Stückchen. Dafür Frühstücksspeck in dünnen Scheiben kaufen und diesen zerteilen.

Dicke Bohnen mit Speck

Dies ist sicher einer der bekanntesten Eintöpfe in Köln. Dennoch ist die auf den Tisch gebrachte Qualität höchst unterschiedlich. Verzichten Sie in diesem Fall wirklich auf Tiefkühlware, stattdessen palen Sie die Bohnen frisch aus den Schoten.

Zutaten

Schweineschmalz
400 g durchwachsener Speck
1 Gemüsezwiebel
500 g Bohnenkerne (mit Schale etwa 2,5–3 kg)
1 Stängel Bohnenkraut
400 ml kräftige Fleischbrühe
Salz, Pfeffer
1 Kartoffel
100 ml Sahne

Zubereitung

Schmalz auslassen und darin den in 3 cm lange Scheiben geschnittenen Speck braten. Zwiebel fein hacken und zum Speck geben. Anschließend die frischen dicken Bohnen zufügen. Kurz anrösten, den Bohnenkrautstängel beigeben und mit der heißen Brühe auffüllen. Würzen und 30 Minuten mit geschlossenem Deckel köcheln. Nach der Hälfte der Garzeit die rohe Kartoffel in den Eintopf reiben und die Sahne zugeben. Nochmals abschmecken.

Linsengemüse

Zubereitung

Die Linsen 6 Stunden, aber besser noch eine ganze Nacht in kaltem Wasser einweichen. Anschließend mit dem Lorbeerblatt, Salz und Pfeffer in reichlich Wasser gar kochen. Kurz vor Garende Karotten und Sellerie dazugeben. Abschütten und das Lorbeerblatt entfernen. Butter im Topf aufschäumen und das Gemüse dazugeben. Erhitzen und mit Balsamessig ablöschen. Abschmecken und mit Schnittlauch bestreuen.

Passt sehr gut zu gekochtem und gebratenem Fisch.

Zutaten

300 g grüne Linsen
1 Lorbeerblatt
Salz, Pfeffer
3 EL fein gehackte Karotten
3 EL fein gehackter Sellerie
50 g Butter
2 EL Balsamessig
(ersatzweise Rotweinessig)
Schnittlauchröllchen

Spinatgemüse

Was für fürchterliche Gerichte wurden und werden aus Spinat gemacht. Früher habe ich ihn gehasst. Heute, um einige Zubereitungsarten reicher, liebe ich ihn sehr. Besonders den etwas feineren Sommerspinat, den es ab Mitte April in den Gemüseläden gibt. Ich koche ihn fast ausnahmslos in der Pfanne, nachdem er vorher gründlich trockengeschleudert wurde. Da das Gemüse zu 90 Prozent aus Wasser besteht, entsteht immer noch genügend Dämpfflüssigkeit. Allerdings verliert der Spinat auf diese Weise keine Bitterstoffe. Um ihn Kindern schmackhaft zu machen, würde ich ihn deshalb vorher blanchieren.

Zutaten

500 g Spinat
30 g Butter
3 EL gehackte Schalotten
Salz, Pfeffer, Muskat
3 Knoblauchzehen
100 ml Sahne

Zubereitung

Den Spinat gründlich putzen und dabei die dicken Mittelrippen entfernen. Nach dem Putzen zwei Mal waschen und in der Salatschleuder sehr gut trockenschleudern.
Je nach Wunsch die Blätter ganz lassen oder mit einem großen Gemüsemesser grob hacken. Butter in einer großen Pfanne zerlassen. Schalotten kurz anbraten und dann den Spinat zufügen. Wenn er zusammengefallen ist, würzen und den gehackten Knoblauch zufügen. Sahne angießen und kurz aufwallen lassen.

Tipp

Sollte trotz des Trockenschleuderns Wasser in der Pfanne stehen, dieses kurz abgießen, bevor Sie die Sahne hinzufügen.

Spargel

Saison ist nur von Mitte April bis zum Johannistag, dem 24. Juni. Danach müssen sich die Pflanzen erholen, um im nächsten Jahr wieder volle Leistung zu bringen.
Ich esse in diesem Zeitraum so viel Spargel wie möglich. Aber ich widerstehe den frühen Kandidaten aus Spanien, Frankreich etc. Sie schmecken nach nichts. Spargel ist ein deutsches Gemüse, also warten und immer prüfen, ob er frisch ist. Nie verpackte Ware kaufen. Das Stangenende ansehen und kurz mit dem Finger darauf drücken. Wenn dabei sofort der Saft spritzt, ist die Ware zumindest schon mal frisch.
Der frische Spargel kann übrigens ganz gut eingefroren werden. So verlängert sich die Spargelzeit bis zu 6 Monaten. Spargel dafür schälen und portionsweise einfrieren. Bei Gebrauch noch gefroren in das Spargelwasser geben.
Der grüne Spargel wird leider in Deutschland immer noch wenig angebaut, dabei hat er einen so wunderbaren Geschmack. Dennoch gelten hier die gleichen Einkaufskriterien. Man muss halt etwas länger suchen.

Gekochter Spargel

Hier gibt es kein Gericht, sondern nur einige Tipps zum richtigen Kochen.

• Sollten Sie frisch gekauften Spargel noch 1–2 Tage aufbewahren wollen, so schlagen Sie ihn in ein feuchtes Küchentuch ein und legen ihn dann ins Gemüsefach des Kühlschranks.
• Binden Sie den Spargel immer schön zusammen und stellen ihn so ins Wasser, dass die Köpfe noch herausschauen. Dafür eignet sich am besten ein Spargeltopf.
• Kaufen Sie die dicken Stangen und achten Sie darauf, dass alle den gleichen Umfang haben. Schälen Sie nicht zu sparsam, damit der Spargel nicht bitter schmeckt. Schneiden Sie am unteren Ende der Stangen ca. 1 cm ab.
• Grünen Spargel brauchen Sie nicht zu schälen, lediglich das letzte Stück abschneiden. Er schmeckt im Übrigen etwas „gemüsiger“ als der weiße.
• Geben Sie ins Kochwasser: Salz, 1 Prise Zucker, 20 g Butter und eine Scheibe Weißbrot (das soll die restlichen Bitterstoffe binden).
• Zum Spargel kann man vieles servieren. Butterkartoffeln und Schinken, Sauce béarnaise (s. S. 47) und Wiener Schnitzel (s. S. 94) oder, oder, oder ...

Spargel aus der Folie

Dies ist meine Lieblingsmethode. Sie geht schnell, macht kaum Arbeit, und da der Spargel nicht mit Wasser in Berührung kommt, schmeckt er unvergleichlich lecker.

Zubereitung

Den Spargel schälen und in 4 Portionen teilen. Den Backofen auf 200 °C aufheizen. Je 2 Alufolien übereinander legen und die Spargelportionen darauf setzen. Die erste Folie jetzt an Ecken und Kanten nach oben klappen, sodass der Spargel in einer Art Schale liegt. Den Spargel mit Zucker und Salz würzen und je 50 g flüssige Butter darüber gießen. Jetzt die erste Folie fest verschließen, und die zweite darum herum ebenfalls fest einschlagen. Für ca. 30 Minuten in den Backofen legen.

Natürlich können Sie hierzu die üblichen Beilagen essen. Ich finde aber, einfach die Folie öffnen (welch herrlicher Geruch) und sofort zulangen. Ich nehme als Beilage einen schönen, kalten Weißwein, zum Beispiel einen Silvaner aus Franken.

Zutaten

2 kg dicker, weißer Spargel
Salz, Zucker
200 g Butter
8 große Stücke feste Alufolie

Schwarzwurzelgemüse – der Spargel für den Winter

Die Saison für Schwarzwurzeln ist von Oktober bis Dezember. Warum sie allerdings als der Spargel für arme Leute bezeichnet werden, weiß ich wirklich nicht.

Zutaten

800 g Schwarzwurzeln
3 EL Essig
2 EL Butter
100 ml kräftige Gemüsebrühe
125 ml Sahne
Saft von 1/2 Zitrone
Salz, Pfeffer

Zubereitung

Zunächst einmal ziehen Sie sich Gummihandschuhe an, sonst färben sich Ihre Hände schwarz ein und das bekommen Sie kaum noch ab. Jetzt schälen Sie die dunkle Schale mit einem Kartoffelschäler ab. Die weißen Stangen sofort in kaltes Essigwasser legen, damit sie nicht braun werden.
Die Schwarzwurzeln anschließend in Stücke oder Scheiben schneiden. Die Butter in einem Topf auslassen und sie darin anbraten. Mit Brühe und Sahne ablöschen. Die Hitze reduzieren und bei geschlossenem Deckel 15 Minuten garen. Alles mit Zitronensaft, Salz und Pfeffer abschmecken.

Fleisch

Tatar

Tatar hieß früher Schabefleisch, weil man es nur mit einem sehr scharfen Messer herstellte. Zuerst wurde es in dünne Scheiben und dann in Streifen geschnitten. Zum Schluss wurde das Tatar dann ganz fein geschabt. Durch die Herstellung mit dem Messer wurde es weniger zusammengedrückt und schmeckte noch besser.

Zubereitung

Die Rinderlende durch den Fleischwolf drehen oder mit einem großen Küchenmesser fein hacken. Auf jeden Teller je 150 g verteilen. Eine Mulde in die Mitte des ›Fleischklopses‹ drücken und dort je 1 Eigelb hineingeben. Die Zwiebel in feine Würfel schneiden und zusammen mit den Pfefferkörnern und den Kapern um das Fleisch herum verteilen.
Jetzt kann sich jeder sein Tatar selbst mischen und vor allem individuell würzen und zwar mit Senf, Tabasco, Salz, schwarzem Pfeffer aus der Mühle und Cayennepfeffer.

Zutaten

600 g Rinderlende
4 Eigelb
1 weiße Zwiebel
1 TL grüne Pfefferkörner
2 EL kleine Kapern aus dem Glas
scharfer Senf
2 Spritzer Tabasco
Salz, Pfeffer, Cayennepfeffer

Tipp

Frisch durchgedrehtes Fleisch verliert schnell seine Farbe, deshalb besser 1 Teelöffel Tomatenmark oder eine Prise Zucker untermischen.

Rinderrouladen

Zubereitung

Die Fleischscheiben, wenn nötig, platt klopfen. Jede auf der Innenseite mit Senf bestreichen und mit einer Scheibe Speck belegen.
Für die Füllung das Rindfleisch durch die feinste Scheibe des Fleischwolfs drehen und mit dem Ei, dem in Wasser eingeweichten und dann gut ausgedrückten Brötchen, der fein gehackten Schalotte und dem gehackten Knoblauch mischen. Kräftig würzen und auf die Rouladen verteilen. Diese aufrollen und mit einer Spicknadel oder Zahnstochern verschließen. Salzen und pfeffern und in Mehl wenden.
Die Butter zusammen mit dem Öl in einem Bräter auslassen. Darin die Rouladen von allen Seiten braun anbraten. Aus dem Bräter nehmen und in dem Fett die fein gewürfelten Möhren, Zwiebeln, Sellerieknolle und Knoblauch anschwitzen. Das Tomatenmark einrühren, kurz anrösten lassen und mit dem Wein ablöschen. Diesen auf großer Flamme etwas einkochen lassen und anschließend mit der Brühe auffüllen. Die Rouladen in die Sauce einlegen und den Topf verschließen. Bei 180 °C im Backofen 45 Minuten schmoren.
Die Rouladen entnehmen und die Sauce mit dem Pürierstab glatt rühren, falls nicht vorhanden, durch die „Flotte Lotte" drücken. Nochmals kräftig würzen.

Zutaten

4 Rinderrouladen à 200 g
1 TL scharfer Senf
4 dünne Scheiben durchwachsener Speck
Salz, Pfeffer
Mehl

Für die Füllung
200 g Rindfleisch
1 Ei
1 Brötchen
1 Schalotte
1 Knoblauchzehe
Salz, Pfeffer, Cayennepfeffer

Für die Sauce
20 g Butter
3 EL Pflanzenöl
150 g Möhren
150 g Zwiebeln
100 g Knollensellerie
2 Knoblauchzehen
2 EL Tomatenmark
500 ml Rotwein
500 ml Rinderbrühe

Tipp

Rouladen kann jeder nach eigener Lust füllen. Dünne Gürkchen und Möhren sind sehr beliebt, Spinat kann dazugegeben werden, genauso Rosenkohlblättchen. Einfach nach Lust, Laune und vor allem Geschmack experimentieren. Wenn es einmal besonders zart sein soll, versuchen Sie die nachfolgende römische Variante.

Kalbsrouladen – die Feiertagsversion

Zubereitung

Die Bratwürste aufschneiden und das Brät in eine Schüssel geben. Mit Petersilie, Parmesan, Eigelb und gehacktem Knoblauch gut mischen. Salzen und pfeffern. Frühstücksspeck in dünne Scheiben schneiden. Die Schnitzel gut platt klopfen, mit je einem Salbeiblatt belegen und mit einem Viertel der Bratmasse bestreichen. Aufrollen und anschließend mit einer Scheibe Speck umwickeln. Mit einer Spicknadel feststecken. Die so hergestellten Rouladen dünn mit Mehl bestäuben.
Die Butter in einem Bräter aufschäumen und die Rouladen rundherum goldbraun backen. Wein angießen und auf die Hälfte reduzieren lassen. Brühe dazugießen. Restliche Salbeiblätter einrühren und zugedeckt bei kleiner Flamme 20 Minuten schmoren lassen.
Die Rouladen warm stellen und die Sauce auf die gewünschte Konsistenz einkochen.

Zutaten

2 kleine Bratwürstchen
3 EL gehackte Petersilie
2 EL geriebener Parmesan
2 Eigelb
2 Knoblauchzehen
Salz, Pfeffer
50 g Frühstücksspeck
4 dünne Kalbsschnitzel à 100 g
10 Salbeiblätter
etwas Mehl
50 g Butter
125 ml Weißwein
200 ml kräftige Geflügel- oder Gemüsebrühe

Kohlrouladen

Zutaten

12 große Weißkohlblätter
2 Brötchen
1 Zwiebel
1/2 Bund Petersilie
500 g Kalbfleisch
2 Eier
Salz, Pfeffer, Cayennepfeffer
Traubenkernöl
150 g durchwachsener Speck
500 ml kräftige Rinderbrühe

Zubereitung

Die Weißkohlblätter in ausreichend Salzwasser 1 Minute kochen, anschließend unter kaltem Wasser abschrecken und trocknen lassen. Um einen zu intensiven Geruch zu vermeiden, können Sie dem Kochwasser 3 Esslöffel Essig beifügen.

Die Brötchen in kaltem Wasser einweichen und anschließend gut ausdrücken. Die Zwiebel und die Petersilie fein hacken. Das Kalbfleisch durch die feinste Scheibe des Fleischwolfs drehen, mit den Eiern, der Petersilie, der Zwiebel und den Brötchen gut vermengen. Mit den Gewürzen herzhaft abschmecken. Die Masse auf die Weißkohlblätter verteilen. Die Blätter dann aufrollen und mit Küchengarn verschnüren.

Das Öl in einem Bräter erhitzen. Den in kleine Würfel geschnittenen Speck darin kross braten und mit der Rinderbrühe ablöschen. Die Kohlrouladen einlegen, den Topf verschließen und auf kleiner Flamme 40 Minuten garen lassen.

Zum Servieren die Rouladen aus dem Topf nehmen und die Sauce herzhaft abschmecken. Dazu passt am besten Kartoffelpüree.

Wiener Schnitzel

Wiener Schnitzel sind immer vom Kalb. Schnitzel »Wiener Art« sind Schweineschnitzel und schmecken deutlich schlechter. Ein gutes Wiener gibt es ganz selten. Wichtig ist beste Fleischqualität, ordentliche Würze und sehr gutes, selbst gemachtes Paniermehl. Das Schnitzel nur in Butterschmalz braten. Zum Schluss muss die Panade nur ganz leicht am Fleisch haften und Wellen schlagen. Sie merken schon: Ich liebe Wiener Schnitzel!!!

Zubereitung

Die Eier in einem tiefen Teller verquirlen. Kräftig mit Salz und Pfeffer und dem Saft einer halben Zitrone würzen. Auf einen Teller Mehl geben, auf einen anderen das Paniermehl.

In einer Pfanne, die ausreichend Platz für die Schnitzel hat (oder besser in zwei Pfannen), das Butterschmalz erhitzen. Die Schnitzel jetzt nacheinander zuerst im Mehl (etwas abklopfen), dann in der Eimasse und anschließend im Paniermehl wälzen. Die Panade etwas andrücken und sofort in das heiße Butterschmalz geben. Von jeder Seite etwa 3 Minuten braten. Sofort mit einer Zitronenscheibe belegt servieren.

Dazu passen Bratkartoffeln (s. S. 56) oder Pommes frites (s. S. 58) und Erbsengemüse (s. S. 76).

Zutaten

2 Eier
Salz, Pfeffer
2 Zitronen
Mehl
selbst gemachtes Paniermehl
(s. Küchenpraxis S. 158)
80 g Butterschmalz
4 Kalbsschnitzel à 100 g

Kotelett à la Lommerzheim

Die Zubereitungsart à la Lommerzheim soll keinesfalls sagen, dass Lommi mir sein Rezept für das Kotelett verraten hätte, ich habe ihn nicht einmal gefragt. Sie meint vielmehr, dass Lommi wie alle guten Köche weiß, dass ein Kotelett nicht zu dünn sein darf, da es sonst sehr schnell trocken wird. Bei Lommerzheim ist das Kotelett immer vom Schwein, bei mir darf es an Festtagen gerne auch einmal vom Kalb stammen.

Zubereitung

Die Koteletts salzen und pfeffern. Anschließend leicht im Mehl wenden und abklopfen. Den Backofen auf 200 °C einstellen. In einem großen Bräter das Butterschmalz erhitzen und die Koteletts von beiden Seiten etwa 1 Minute scharf anbraten. Anschließend den Bräter ohne Deckel in den auf 200 °C vorgeheizten Backofen stellen. Hier brauchen die Koteletts je nach Dicke ca. 10–15 Minuten. Dazu kann man einen Salat, glasierte Möhren (s. S. 77) oder Pommes frites (s. S. 58) essen.
Sollten Sie sich für Kalbskotelett entschieden haben, schmeckt auch eine leckere Sahnesauce mit Champignons hervorragend.

Zutaten

4 Koteletts vom Schwein
oder Kalb zwischen
250–400 g
Salz, Pfeffer
Mehl
Butterschmalz

Kotelett mit Zwiebel-Gurken-Sauce

Zutaten

4 Koteletts à 250 g
Salz, Pfeffer
8 Frühlingszwiebeln
2 kleine Gewürzgurken
20 g Butter
1 EL Öl
1 EL scharfer Senf
3 EL Rotweinessig
100 ml Sahne
1 TL Kapern
2 EL gehackte Petersilie

Zubereitung

Koteletts salzen und pfeffern. Die Zwiebeln der Länge nach halbieren und in feine Streifen schneiden. Gurken in kleine Würfel schneiden. 10 g Butter und das Öl in einer Pfanne erhitzen und die Koteletts darin von jeder Seite 5–6 Minuten sanft braten. In einer zweiten Pfanne die restliche Butter auslassen. Die Koteletts aus der Pfanne nehmen, mit dem Senf bestreichen und in die zweite Pfanne geben. Diese Pfanne bei ganz kleiner Hitze oder besser bei 80 °C zum Warmhalten in den Backofen schieben.

In der Bratpfanne jetzt die Zwiebeln kurz anschmoren und mit dem Essig ablöschen. Die Flüssigkeit fast vollständig verdampfen lassen. Noch zweimal mit je 3 Esslöffeln Wasser ablöschen und ebenfalls verkochen lassen. Die Sahne anschütten und so lange reduzieren, bis die Sauce schön andickt. Gurken und Kapern dazugeben und mit Salz und Pfeffer abschmecken.

Die Sauce über die warm gestellten Koteletts geben, mit Petersilie bestreuen und servieren. Dazu passt Spinat (s. S. 81), Kartoffelpüree (s. S. 59) oder Bratkartoffeln (s. S. 56).

Hämmchen mit Sauerkraut

Neben dem Soorbrode ist das Hämmchen, ein opulentes Stück Knochenfleisch aus der Wade des Schweins, das wohl bekannteste Fleischgericht der Domstadt. Bei der Zubereitung zu Hause lohnt es sich, einen Metzger zu finden, der das Hämmchen in klassischer Manier pökelt, also einige Tage in Salzlake mariniert. Am liebsten esse ich mein Hämmchen im Brauhaus und da wiederum bevorzugt beim Lommi in Deutz. Aber manchmal mache ich es auch zu Hause. Und das geht folgendermaßen:

Zutaten

4 Schweinehämmchen, gepökelt
je 2 Wacholderbeeren, Lorbeerblätter, Nelken
Salz, 4 Pfefferkörner
1 dicke Gemüsezwiebel
1 kg frisches Sauerkraut vom Metzger
Schweineschmalz
200 ml Weißwein

Zubereitung

2 l Wasser zum Kochen bringen. Hämmchen, Gewürze und die halbierte Zwiebel hineingeben und 1 Stunde köcheln lassen. Nach 30 Minuten das Sauerkraut in Schmalz anbraten und mit dem Weißwein ablöschen, dann mit etwas Kochbrühe vom Hämmchen auffüllen. Nach 1 Stunde die Hämmchen aus dem Sud nehmen und für 30 Minuten auf das Sauerkraut geben. Die Hämmchen sind gar, wenn sich das Fleisch fast von selbst vom Knochen löst. Hierzu gehören scharfer Senf und Kartoffelpüree (s. S. 59).

Gebratene Haxe

Neben dem Hämmchen soll die viel häufiger gegessene gebratene Schweinshaxe aber nicht fehlen. Ursprünglich eher eine bayerische Spezialität, erfreut sich die knusprige Schweinewade auch in Köln immer größerer Beliebtheit.

Zubereitung

Die Haut der Haxen rautenförmig einschneiden und mit Salz und Pfeffer kräftig einreiben. Den Backofen auf 180 °C vorheizen. Zwiebeln und Knoblauch hacken und in einen Topf geben. Kümmel darüber streuen und Fleischbrühe angießen. Die Haxen darauf legen und den Bräter verschlossen für 1 1/2 Stunden in den Ofen stellen. Die Haxen gelegentlich mit dem Bratensaft übergießen oder einfach drehen.

Nach 1 1/2 Stunden den Deckel entfernen und den Backofen auf 220 °C hochstellen. Die Haxen so lange weitergaren, bis sie schön knusprig sind. Dabei immer wieder mit dem Kölsch begießen.

Den Bratensaft so zu den Haxen reichen oder durch ein Sieb abgießen – ganz nach Geschmack.

Ideal dazu schmeckt ein lauwarmer Kartoffelsalat (s. S. 27) oder Kartoffelklöße (s. S. 62) mit Rotkohl (s. S. 68).

Zutaten

4 Schweinshaxen
Salz, Pfeffer
2 Zwiebeln
4 Knoblauchzehen
4 EL Kümmel
300 ml Fleischbrühe
400 ml Kölsch

Geschmorte Kalbshaxe (Ossobuco)

Da wir schon einmal bei den Haxen sind, sei ein Blick über die Alpen gestattet. Die Italiener bevorzugen die Haxen vom Kalb und schneiden diese in dicke Scheiben, bzw. lassen diese Arbeit vom Metzger machen.
Ein typisch italienisches Gericht, das noch einmal die Nähe der Kölner zu den Italienern verdeutlicht. Einfach, preiswert, aber leider mit relativem Aufwand herzustellen.

Zutaten

4 Möhren
4 Stangen Staudensellerie
3 Zwiebeln
9 Knoblauchzehen
4 EL Butter
8 kleine Kalbshaxenscheiben (quer geschnitten)
Salz, Pfeffer
Mehl
6 EL Olivenöl
250 ml Weißwein
1 kg vollreife Tomaten
250 ml Fleischbrühe
2 Bund Petersilie
1 TL Thymian und Oregano
2 Lorbeerblätter
Schale von 2 Zitronen

Zubereitung

Möhren, Sellerie, Zwiebeln und 3 Knoblauchzehen fein hacken. In einem großen Bräter die Butter erhitzen und die Gemüse anrösten. Vom Herd nehmen.
In der Zwischenzeit die Haxenscheiben mit etwas Küchengarn schön rund binden und mit Salz und Pfeffer würzen. In Mehl wenden und in Olivenöl in einer Pfanne von allen Seiten bei mittlerer Hitze anbraten. Fleisch aus der Pfanne nehmen und zu den Gemüsen in den Bräter geben. Den Bratsatz in der Pfanne mit Wein ablöschen und auf die Hälfte einkochen lassen. Den Backofen auf 180 °C erhitzen. Die Tomaten häuten, entkernen und grob hacken (s. Küchenpraxis S. 159). In den Fond jetzt die heiße Brühe geben. Tomatenfleisch, 1 Bund gehackte Petersilie und die restlichen Kräuter dazugeben, mit Salz und Pfeffer würzen und kurz aufkochen. Alles zum Fleisch in den Bräter gießen und diesen mit einem Deckel verschlossen für 2 1/2 Stunden in den Ofen stellen.
Die restlichen Knoblauchzehen hacken und mit dem zweiten gehackten Bund Petersilie und der Zitronenschale mischen. Diese Würzmischung über die fertig geschmorten Haxen streuen.

Martinsgans

Gänse kommen in der rheinischen Küche nicht häufig vor, wie überhaupt bei den armen Leuten das Fleisch notgedrungen keine große Rolle spielte. Aber die Menschen im Rheinland sind große Traditionalisten und somit gehört, wenn es eben geht, am Martinstag eine Gans auf den Tisch.

Zubereitung

Die Gans waschen und trocknen. Mit Salz, Pfeffer und fein gehacktem Majoran innen und außen einreiben. Den Backofen auf 160 °C aufheizen.

Die Äpfel schälen, Kerngehäuse entfernen und in kleine Stücke schneiden. Den Rosenkohl von den äußeren Blättchen befreien und den Strunk abschneiden. Äpfel, Rosenkohl und die Kastanien mit dem Honig gut vermischen und die Gans mit dieser Mischung füllen. Anschließend die Gans zunähen oder mit kleinen Spießen zustecken.

Die Gans mit der Brust nach oben in einen Bräter legen und mit 250 ml Gemüsebrühe begießen und für 1 1/2 Stunden in den Ofen geben. Anschließend die Temperatur auf 200 °C erhöhen und die Gans weitere 2 Stunden braten, dabei immer wieder mit dem Fleischsaft begießen. Die Gans aus dem Bräter nehmen und warm stellen. Den Bratsud in einen Topf gießen und mit der restlichen Gemüsebrühe auffüllen. Kräftig aufkochen und mit Salz und Pfeffer abschmecken. Getrennt in einer Sauciere zur Gans reichen.

Zutaten

1 küchenfertige Gans
(3–4 kg)
Salz, Pfeffer
Majoran
3 Äpfel
250 g Rosenkohl
250 g geschälte Kastanien
1 EL Honig
500 ml Gemüsebrühe

Sülze

Sülzen sind etwas aus der Mode gekommen. Das liegt vielleicht daran, dass fast alle Sülzen nur noch mit Gelatine hergestellt werden. Der Unterschied ist vergleichbar mit dem zwischen Tütensuppe und frisch hergestellter Gemüsebrühe. Nachfolgend finden Sie das Grundrezept für Sülze. Die können Sie dann einfach nach Lust und Laune füllen.

Zutaten

1 kg Kalbsfüße
200 g Lauch
200 g Knollensellerie
200 g Möhren
1 Gemüsezwiebel
100 ml Weißweinessig
1 Lorbeerblatt
2 Wacholderbeeren
Salz, Zucker

Zubereitung

Die gewaschenen Kalbsfüße mit 3 l kaltem Wasser aufsetzen und zum Kochen bringen. Die Hitze so regulieren, dass die Flüssigkeit nur noch dampft und nicht mehr kocht. So werden die gelierfähigen Stoffe am besten aus den Kalbsfüßen ausgekocht. Für mindestens 6 Stunden, besser über Nacht auf dem Herd lassen.

Das Fleisch entfernen und die Brühe durchsieben. Die Gemüse putzen und würfeln. Die Gemüsezwiebel halbieren und mit der Schnittfläche auf der heißen Herdplatte anbräunen. Alle Gemüse, den Essig, Lorbeerblatt und Wacholderbeeren in die Brühe geben und diese 1 weitere Stunde köcheln. Absieben und mit Salz und Zucker würzen. Jetzt ist die selbst gemachte Sülze fertig. Zur Prüfung können Sie ein wenig Brühe auf einen Porzellanteller schütten und abwarten, bis diese erkaltet ist. Jetzt wissen Sie, ob sich der Zeitaufwand gelohnt hat. Sollte die Sülze dennoch nicht richtig fest werden, kann sie mit etwas Gelatine gebunden werden.

Gefüllt werden kann eine solche Sülze mit allem Möglichen. Schieres Schweinefleisch, Hämmchen, mit oder ohne Gemüse, Hähnchenfleisch, gekochter Schinken, Fischfilet etc. Einfach einmal verschiedene Varianten ausprobieren.

Die Zubereitung der Sülzen ist dann immer gleich. Fisch, Fleisch oder Gemüse in Salzwasser garen, erkalten lassen und das Fleisch oder den Fisch anschließend klein schneiden. Eine flache Porzellanform mit

etwas Öl ausreiben und ein Drittel der Sülze einfüllen. Etwas gelieren lassen, damit nicht alle Einlagen auf den Grund sinken. Jetzt die Hälfte der Einlage darauf verteilen. Das zweite Drittel Sülze anschütten, gelieren lassen und den Rest der Einlage verteilen. Mit der Sülze abschließen. Gut durchkühlen lassen, aus der Schüssel auf ein Schneidebrett stürzen und in Scheiben schneiden.
Zu Fleischsülzen Bratkartoffeln (s. S. 56) mit Remouladensauce (s. S. 50) servieren.

Bemerkung

Natürlich geht es auch mit Gelatine. Sie enthält das gleiche kollagene Eiweiß wie die eingekochten Kalbsfüße, aber selber machen ist doch so viel schöner!! Rechnen Sie mit 12–15 Blatt pro 1 l Flüssigkeit.

Gebackene Leber mit Zwiebeln und Äpfeln

Zubereitung

Die Äpfel schälen und in Spalten schneiden. In einem kleinen Topf auf mittlerer Stufe mit 30 g Butter aufsetzen. Immer mal wieder vorsichtig umrühren. Sie sollen keinesfalls zu Apfelmus werden. Die Zwiebel in dünne Scheiben schneiden und in 30 g Butter braun braten. Die Zwiebeln wirklich gut bräunen, damit sie den richtigen Geschmack entfalten können.
Die Leber dünn mit Mehl bestäuben. Die restliche Butter in einer großen Pfanne aufschäumen und die Leber kräftig von beiden Seiten anbraten. Danach auf kleiner Flamme gar ziehen lassen. Sie sollte leicht rosa sein. Salzen und pfeffern.
Alles zusammen mit Püree (s. S. 59) servieren.

Zutaten

2 Äpfel (deutscher Braeburn)
100 g Butter
1 Gemüsezwiebel
4 Scheiben Leber à 100 g
Mehl
Salz, Pfeffer

Grillen

Natürlich ist das Grillen keine Kölner Spezialität. Aber in diesem Kochbuch geht es ja um die Küche, die wir Kölner mögen, und wenn ich an warmen Sommertagen aus dem Haus trete, ist das erste, was ich rieche, der Duft von Gebratenem. Ob in Schrebergärten, auf Terrassen und Balkonen, ob in Parks oder auf den Poller Wiesen, das Grillen gehört zu den beliebtesten Beschäftigungen der Kölner.
Ich möchte hier einige Beispiele für Saucen und Marinaden geben. Dabei sollen verschiedene leckere Grillgerichte nicht fehlen. Die passenden Salate finden Sie im Kapitel Vorspeisen. Viele Leute kaufen noch immer ihr Grillfleisch bereits vorgewürzt im Supermarkt. Doch bedenken Sie: Selber machen ist doppelter Genuss!

Folienkartoffeln mit drei Saucen

Zutaten

8 gleich große Kartoffeln
500 g Magerquark
100 ml Sahne
Salz, weißer Pfeffer
2 Knoblauchzehen
1 Bund Petersilie
1 Bund Schnittlauch
1 Schalotte
1 rote Paprikaschote
2 EL Tomatenketchup
1 TL Paprikapulver
1 TL scharfer Senf
1 Bund Radieschen

Zubereitung

Die Kartoffeln fest in Alufolie einpacken und für 45 Minuten an den Rand der Grillglut legen. Mehrmals wenden.
Währenddessen den Quark mit der Sahne verrühren und mit Salz und Pfeffer abschmecken. In drei Tontöpfchen verteilen.
1 Knoblauchzehe fein hacken, Petersilie und Schnittlauch sehr klein schneiden und zusammen mit dem Knoblauch in das erste Schälchen mit Quark einrühren.
Die Schalotte fein hacken. Die Paprikaschote mit einem Sparschäler fein schälen und entkernen. Anschließend in kleine Würfel schneiden und zusammen mit der fein gehackten Schalotte in die zweite Portion einrühren. Danach mit der zweiten, gehackten Knoblauchzehe, dem Ketchup und dem Paprikapulver vermischen.
Die dritte Portion mit dem Senf verrühren. Die Radieschen putzen und in sehr feine Würfel schneiden und unter die Mischung geben. Alle Portionen nochmals würzen und durchziehen lassen.
Die Kartoffeln aus der Folie nehmen und der Länge nach halbieren. Mit den Saucen auf einem Teller servieren.

Frische Kräuterbutter

Ein schönes Steak erhält durch diese Kräuterbutter einen tollen Geschmack. Aber auch die Folienkartoffeln schmecken damit lecker. Oder Sie bestreichen ein Baguette mit der Butter, packen es in Alufolie und legen es für 10 Minuten auf den heißen Grill.

Zubereitung

Schalotte und Knoblauchzehen sehr fein hacken. Kräuter waschen, trocknen und ebenfalls fein hacken. Alle Zutaten mit der zimmerwarmen Butter verkneten. Mit Wein, Salz und Pfeffer abschmecken. Anschließend bis zum Gebrauch kalt stellen.

Zutaten

1 Schalotte
2 Knoblauchzehen
Petersilie, Thymian,
Schnittlauch
150 g zimmerwarme Butter
1 Spritzer Weißwein
Salz, weißer Pfeffer

Paprika-Tsatziki

Passt zu gegrilltem Fleisch, zu Kartoffeln oder einfach zu Fladenbrot.

Zubereitung

Paprika mit dem Sparschäler häuten und anschließend in kleine Würfel schneiden. Gurke putzen und ebenfalls würfeln. Kräuter hacken und Knoblauch durchpressen.
Joghurt, Sahne, Zitronensaft, Kümmel, Knoblauch, Kräuter, Paprika und Gurke mischen. Mit Salz und Cayennepfeffer abschmecken und etwa 2 Stunden durchziehen lassen.

Zutaten

2 rote Paprikaschoten
250 g Salatgurke
1/2 Bund glatte Petersilie
2 Blättchen Minze
3 Knoblauchzehen
500 ml Sahnejoghurt (am besten griechischer)
100 ml Sahne
4 EL Zitronensaft
1 EL Schwarzkümmel
Salz, Cayennepfeffer

Grillsauce

Diese Sauce eignet sich sowohl zum Marinieren als auch als Beigabe zu gegrilltem Fleisch. Besonders zu empfehlen sind in dieser Sauce marinierte und anschließend gegrillte Rippchen.

Zutaten

200 g Tomatenmark
150 g selbst gemachtes Tomatenketchup (s. S. 122)
50 g scharfer Senf
250 g Honig
3 EL frische Kräuter (Thymian, Rosmarin, Oregano)
1–2 scharfe Chilischoten
1 TL Salz
Pfeffer
1 EL Balsamessig
1 EL Sojasauce
5 Knoblauchzehen
250 ml Öl
2 EL Kapern

Zubereitung

Tomatenmark, Tomatenketchup und Senf verrühren. Den flüssigen Honig nach und nach einrühren. Die fein gehackten Kräuter und die klein gehackte Chilischote unterrühren und mit Salz, Pfeffer, Essig und Sojasauce abschmecken. Den Knoblauch fein hacken und untermischen. Das Öl in einem dünnen Strahl einschlagen und zum Schluss die gehackten Kapern einrühren. Diese Sauce hält sich in einem geschlossenen Glas wochenlang im Kühlschrank.

Marinierte Lammscheiben

Mit der folgenden Marinade lassen sich auch Lammkotelett, Schweinelende oder Hühnerbrust für das Grillen vorbereiten.

Zubereitung

Lammfleisch von Sehnen, Fett und Häuten befreien. In sehr dünne Scheiben schneiden. Aus den übrigen Zutaten eine Marinade rühren, dabei Schalotten und Knoblauch fein gehackt einrühren. Das Fleisch in dieser Marinade für 24 Stunden in den Kühlschrank stellen. Anschließend auf den Grill geben. Dazu schmeckt knuspriges Weißbrot, aber auch ein schöner Bohnensalat oder, oder ...

Zutaten

500 g Lammkeule ohne Knochen

Für die Marinade
100 g Schalotten
3 Knoblauchzehen
4 EL Zitronensaft
50 ml Olivenöl
3 Zweige Rosmarin
Salz, Pfeffer

Tipp

Versuchen Sie die Fleischscheiben wirklich dünn zu schneiden. Je dünner, desto knuspriger, desto leckerer! Richtig! Jetzt haben Sie ihr Gyros: frisch, kross und vor allem selbst gemacht.

Joghurt-Sauce mit Minze

Diese Sauce passt super zu den Lammhackbällchen im Kapitel Vorspeisen.

Zutaten

250 g Sahnejoghurt
3 Knoblauchzehen
30 Blätter Minze
2 EL Zitronensaft
2 EL Olivenöl
Tabasco
Salz, Pfeffer

Zubereitung

Den Joghurt in einem sehr feinen Sieb abtropfen lassen. Die Knoblauchzehen sehr fein schneiden. Die Minzeblätter in feine Streifen schneiden. Alle Zutaten mischen und mit einigen Spritzern Tabasco, Salz und Pfeffer herzhaft abschmecken.

Schweinegulasch mit Sauerkraut

Zubereitung

Das Schweinefleisch in Würfel (3 x 3 cm) schneiden. Die Knoblauchzehen mit etwas Salz, Pfeffer und Kümmel im Mörser zerstoßen. Die Zwiebeln in Scheiben schneiden und in Schmalz anbraten. Aus dem Topf nehmen und darin die mit Salz und Pfeffer gewürzten Schweinefleischwürfel anbraten. Zwiebeln wieder dazugeben. Tomatenmark einrühren und mit dem Paprikapulver bestäuben. Die Knoblauchpaste einrühren und mit Wein und Brühe ablöschen. Das Bund Petersilie im Ganzen beifügen und zugedeckt 1 Stunde mitköcheln lassen.

Nach 30 Minuten die vorher in feine Streifen geschnittene und in Öl geschmorte Paprikaschote zusammen mit dem Sauerkraut dem Gulasch beigeben. Am Ende der Garzeit die Crème fraîche einrühren.

Mit Salzkartoffeln oder einfach nur mit Weißbrot servieren.

Zutaten

800 g Schweinefleisch aus der Schulter
3 Knoblauchzehen
Salz, Pfeffer
2 EL Kümmel
250 g Zwiebeln
40 g Schweineschmalz
1 TL Tomatenmark
3 EL Paprikapulver
100 ml Rotwein
400 ml kräftige Rinderbrühe
1 Bund krause Petersilie
Öl
1 rote Paprikaschote
800 g Sauerkraut
150 ml Crème fraîche

Rindergulasch in Rotwein – die Feiertagsversion

Man kann dieses Schmorgericht sicher einfacher herstellen. Aber wenn alle Zutaten sich erst zum Ende hin vereinigen, schmeckt es einfach viel besser.

Zutaten

300 g magerer Frühstücksspeck
60 g Butter
30 Perlzwiebeln
400 g kleine Champignons
50 g Butterschmalz
1,5 kg in Würfel geschnittenes Rindfleisch
2 EL gehackte Schalotten
2 EL fein gehackte Möhren
3 EL Mehl
250 ml kräftige Fleischbrühe
500 ml Rotwein
2 Knoblauchzehen
3 Zweige Thymian
2 Lorbeerblätter
Salz, Pfeffer
4 EL fein gehackte Petersilie

Zubereitung

Den Speck in Streifen und dann in 3 cm lange Stücke schneiden. 20 g Butter auslassen und den Speck darin knusprig ausbacken. Zur Seite stellen. 20 g Butter in einer feuerfesten Form im 200 °C heißen Backofen zerlassen. Die geschälten Zwiebeln einfüllen und in etwa 10–15 Minuten weich backen. Zur Seite stellen. Die ganzen Champignons in 20 g Butter fest anbraten und garen. Zur Seite stellen. Jetzt eine große Pfanne erhitzen und das Butterschmalz erwärmen. Die Fleischstücke darin portionsweise rundherum anbraten. Danach in einen großen Bräter legen. Die Schalotten und Möhren in die Pfanne geben und leicht anziehen lassen. Mit Mehl bestäuben und etwas anbräunen. Mit der heißen Fleischbrühe ablöschen und mit Wein auffüllen. Alles zum Kochen bringen. Die gehackten Knoblauchzehen, Thymian und Lorbeer dazugeben und würzen. Das Ganze über das Fleisch in den Bräter gießen und diesen auf dem Herd erhitzen. Mit einem Deckel verschließen und in den heißen Ofen stellen. 2 Stunden bei 180 °C schmoren.
Zum Schluss den Speck, die Perlzwiebeln und die Pilze in den Topf einrühren und kurz erhitzen. Lorbeer und Thymianzweige entfernen. Mit Salz und Pfeffer abschmecken und mit Petersilie bestreuen.
Ich esse dazu am liebsten nur Brot. Natürlich schmeckt auch Kartoffelpüree (s. S 59).

Schweinefilet in Kölschsauce

Zutaten

600 g Schweinefilet
Salz, Pfeffer
Butter, Öl
5 Knoblauchzehen
2 EL Kümmel
100 ml Kölsch
40 ml Kalbsfond
(ersatzweise kräftige
Rinderbrühe)
20 g eiskalte Butter

Zubereitung

Das Schweinefilet in 8 gleich dicke Medaillons schneiden. Diese salzen, pfeffern und in einer Butter-Öl-Mischung von jeder Seite 3 Minuten anbraten. Aus der Pfanne nehmen, in Alufolie einwickeln und im Backofen bei 80 °C warm stellen. 10 g Butter in die Pfanne geben und die leicht angedrückten Knoblauchzehen sowie den Kümmel anrösten. Mit dem Kölsch ablöschen und auf die Hälfte einkochen. Den Kalbsfond beifügen und 5 Minuten köcheln. Die Sauce durch ein feines Sieb gießen und erneut erhitzen. Jetzt vom Herd nehmen und 20 g eiskalte Butter einschlagen. Die Filets nochmals in der Sauce wenden, dabei den entstandenen Fleischsaft in die Sauce einrühren. Als Beilage gibt es bei mir nur Kartoffelklöße (s. S. 62).

Sauerbraten

Mein absoluter Lieblingsbraten und sicher das erste Gericht, das ich koche, wenn es draußen winterlich wird.

Zubereitung

Für die Marinade Rotwein, Essig, 500 ml Wasser, Zwiebelscheiben und Gewürze in einem Topf aufkochen. Vom Herd ziehen und erkalten lassen. Rindfleisch in die Marinade einlegen und mindestens 3 Tage, besser eine Woche, unter zweimaligem Wenden pro Tag marinieren.
Die Marinade durch ein Sieb abgießen und das Fleisch gut trockentupfen. Die Gewürze wegwerfen. Das Schweineschmalz in einem großen Bräter erhitzen und das Fleisch unter mehrmaligem Wenden rundherum anbraten. Herausnehmen und im selben Fett die fein geschnittenen Zwiebeln, die geraspelten Möhren und den geraspelten Sellerie anschwitzen. Mehl anstäuben und kurz anziehen lassen. Unter heftigem Rühren mit der Marinade ablöschen. Zum Kochen bringen und den Braten einlegen. Mit geschlossenem Deckel etwa 2 Stunden bei schwacher Hitze schmoren. Anschließend den Braten entnehmen und warm stellen.
Die Sauce aufkochen und die Printen hineinbröseln. Die Printen müssen sich in der Sauce auflösen und bringen ihr so die gewünschte Süße. Außerdem dicken sie die Sauce an. Diese wird jetzt durch eine »Flotte Lotte« passiert. Dadurch bleibt alles in der Sauce, sie schmeckt hervorragend und wird schön dick. Sauerbratensauce muss auf dem Fleisch »stehen«! Die Sauce mit etwas Salz und Pfeffer abschmecken. Sollte sie zu dick sein, mit etwas Rotwein verdünnen. Sollte sie nicht süß genug sein, mehr Printen beifügen und die Prozedur nochmals wiederholen. Zum Schluss das Fleisch, eventuell bereits in Scheiben geschnitten, nochmals in der Sauce erwärmen.

Zutaten

2 kg mageres Rindfleisch aus der Schulter (oder Trapptrapp)
50 g Schweineschmalz
50 g Zwiebeln
50 g Möhren
30 g Knollensellerie
20 g Mehl
ca. 6 Gewürzprinten
Salz, Pfeffer

Für die Marinade
250 ml Rotwein
250 ml Rotweinessig
1 große Gemüsezwiebel
10 angedrückte Pfefferkörner
8 angedrückte Wacholderbeeren
3 Lorbeerblätter
2 TL Salz

Gebratenes Roastbeef mit Remouladensauce

Gebratenes Roastbeef ist ein Klassiker in kölschen Brauhäusern, aber Sie können es genauso gut zu Hause machen. Wenig Arbeit und viel Vergnügen. Die Remoulade finden Sie auf Seite 50 und natürlich gehören dann auch Bratkartoffeln (s. S. 56) dazu.

Zubereitung

Den Ofen auf 100 °C vorheizen. Das Fleisch rundherum mit Salz und Pfeffer einreiben und in einem Bräter auf dem Herd im heißen Öl etwa 10 Minuten von allen Seiten kräftig anbraten. Danach den Bräter ohne Deckel für 1 1/2 Stunden in den vorgeheizten Backofen schieben. Mit Beilagen servieren oder in Alufolie wickeln und in den Kühlschrank legen. Am nächsten Tag mit einem scharfen Messer dünn aufschneiden.

Zutaten

1 kg Roastbeef
Salz, Pfeffer
Öl

Tipp

Bei 80 °C kann das Fleisch nahezu unendlich lange im Ofen bleiben. Es wird nicht trocken. Das ist sehr praktisch, wenn Gäste kommen und man nicht so genau auf die Uhr schauen möchte.

Brathähnchen

Die flotten Hähnchen sind leider etwas aus der Mode gekommen. Das liegt wohl an der fehlenden Qualität, auf die es wieder einmal besonders ankommt. Bitte kaufen Sie keine Tiefkühlhähnchen oder Tiere aus der Massentierhaltung. Das ist widerlich und schmeckt auch so!!!

Zutaten

2 Brathähnchen à 1 kg
4 große Zweige Rosmarin
Salz, Pfeffer, Paprikapulver
Butter, Öl
200 ml Bier

Zubereitung

Die Hähnchen waschen und trockentupfen. Die Haut an der Brust und den Keulen mehrfach einschneiden und die zerteilten Rosmarinzweige zwischen Haut und Fleisch schieben. Die Hähnchen salzen, pfeffern und das Paprikapulver einmassieren. In einem großen Schmortopf in dem Butter-Öl-Gemisch rundherum anbraten. Anschließend mit der Brust nach oben für 40 Minuten in den 200 °C heißen Backofen schieben. Dabei immer wieder mit dem entstandenen Bratensaft begießen. Nach 30 Minuten die Hälfte des Biers über die Hähnchen gießen.
Die Hähnchen aus dem Topf nehmen und halbieren. Dabei entsteht nochmals Saft, der zurück in die Sauce gegossen wird. Mit dem restlichen Bier ablöschen, aufkochen und abschmecken. Das Brathähnchen mit der Sauce servieren. Dazu schmeckt entweder Brot oder leckere Pommes frites (s. S. 58).

Bemerkung

Zum Braten und Schmoren werden immer männliche Tiere genommen. Hähnchen, also junge männliche Tiere, werden gegrillt, wie oben beschrieben. Hähne, die es leider bei uns nur noch selten zu kaufen gibt, sind ideal zum Schmoren. Hühner, also die weiblichen Tiere, gehören in die Suppe, daher der Name Suppenhuhn.

Würste

Würste spielen in der kölschen Küche eine sehr große Rolle. Zu den Eintöpfen gibt es häufig Mettwurst oder Blutwurst, zu den Suppen Fleischwurst und zu vielen anderen Gelegenheiten Bratwurst. Auf die Schnelle isst der Kölner auch gerne eine Currywurst, die zwar eine Berliner Erfindung ist, aber heute in jeder deutschen Stadt zu finden ist.
In meiner Kindheit gab es noch keine Frittenbuden und somit gab es auch keine Bratwürstchen, außer auf der Kirmes. Da stellte nämlich der Metzger seinen großen schwarzen Bratrost vor das Geschäft und ein wunderbarer Duft schwebte durch die Luft. Dazu aß man ein wirklich frisches, knuspriges Brötchen und fertig war diese Delikatesse.

Mettwurst

Die Mettwurst gehört zu den Rohwürsten, ähnlich wie die Teewurst oder die Salami. Sie besteht aus mehr oder weniger grob gemahlenem Schweinefleisch. Sie ist stark gewürzt und geräuchert. In aller Regel wird sie ganz oder in Stücke geschnitten in einem Auflauf oder einer Suppe erwärmt und gegessen. Ohne Beilage isst man sie eigentlich nicht.

Blutwurst (Flönz)

Die Blutwurst ist eine Kochwurst, die meist aus Schweineblut, Speckwürfeln und Speckschwarten besteht, die mit allerlei Gewürzen wie Salz, Pfeffer, Majoran, Thymian etc. abgeschmeckt wird. In guten Blutwürsten wird Fleisch mitverarbeitet wie zum Beispiel Zunge, Herz, Milz oder Niere. Die Blutwurst ist wirklich nicht jedermanns Geschmack und ich fürchte, dass obige Aufführung ihres Inhaltes eher noch mehr Menschen von ihrem Verzehr abhalten wird. In jedem Falle ist der Kauf von Flönz wirklich Vertrauenssache. Nur bei wirklich ausgezeichneten Metzgern kaufen oder in Spitzenrestaurants bestellen.

Fleischwurst (Bockwurst)

Die Bockwurst ist eine Brühwurst mit Wasserzusatz, zumeist bestehend aus Rind- und Schweinefleisch, das mit Gewürzen abgeschmeckt wird. Geschmacklich hervorragend sind die dicken Fleischwurstringe, die ähnlich wie die Mettwürste in den Eintöpfen und Suppen mitgekocht werden. Aber Vorsicht: Auch der Einkauf von Fleischwurst ist Vertrauenssache, weil man oft den Eindruck hat, dass diese Würste dem Metzger den Abfalleimer ersetzen sollen.

Die Bratwurst ist eine Rohwurst, bestehend also aus rohem Schweine- oder Kalbfleisch, mit wenig Wasserzusatz, Speck und Gewürzen. Es gibt sehr feine weiße Würste oder gröbere Sorten. Sie kommen als traditionelle Wurst oder immer häufiger als Kringel auf den Tisch. Die Form ist mir eigentlich egal, nur der Geschmack zählt. Bitte unbedingt einmal Kalbsbratwürste kaufen, sie sind wirklich besonders lecker.
Alle oben aufgeführten Würste werden als Zugaben zu diversen Suppen oder Eintöpfen in den verschiedenen Kapiteln aufgeführt. Lediglich mit der Bratwurst kann man eigenständige Gerichte zaubern. Drei sehr unterschiedliche Rezepte stelle ich auf den folgenden Seiten vor.

Currywurst – die leckere Art

Die Currywurst ist in jeder Frittenbude anzutreffen. Meist schmeckt weder die Wurst selbst, noch das Industrieketchup und schon gar nicht der Curry und zu allem Überfluss gibt man noch industriell hergestellte Zwiebeln dazu. Dabei ist die Wurst etwas sehr Leckeres und auf jeden Fall ein unverzichtbarer Bestandteil der heutigen kölschen Küche. Deshalb hier das passende Rezept.

Zubereitung

Für das Ketchup zunächst die klein gehackten Zwiebeln in etwas Olivenöl glasig dünsten. Die Tomaten häuten, entkernen (s. S. 159) und mit den anderen Zutaten zu den Zwiebeln geben. Im offenen Topf 1–1 1/2 Stunden sanft kochen lassen. Das Lorbeerblatt entfernen und die Sauce pürieren. Sollte sie noch nicht dickflüssig genug sein, so lange weiter kochen, bis die Konsistenz gefällt. Zum Schluss herzhaft würzen. Anschließend erkalten lassen und in ein Glas füllen.
Die Bratwürste rundherum braun braten. In mundgerechte Stücke schneiden und mit reichlich scharfem indischem Currypulver bestreuen. Anschließend mit Ketchup übergießen und heiß servieren.
Die Beilage zu dieser Wurst ist wohl klar. Herrlich heiße und knusprige Fritten (s. S. 58).

Zutaten

4–8 Kalbsbratwürste
scharfes Currypulver

Für das Tomatenketchup
2 Zwiebeln
Olivenöl
2 kg Tomaten
50 g Zucker
1 EL konzentriertes Tomatenmark
1 Lorbeerblatt
2 angedrückte Wacholderbeeren
50 ml Sherryessig
Salz, Pfeffer

Tipp

Das Ketchup kann je nach Geschmack leicht erwärmt werden. Wenn man eine etwas pikantere Variante haben möchte, kann man eine getrocknete Chilischote mitkochen.
Wer will, kann auch noch eine Gemüsezwiebel weich und leicht braun schmoren und mit zur Wurst servieren.
Lassen Sie sich für das Currypulver in einem der vielen indischen oder asiatischen Läden der Stadt beraten. Es gibt ungeheure Unterschiede!

Bratwurst in süßer Senfsauce

Zutaten

6 sehr feine weiße Bratwürste
1 Zwiebel
200 g kleine Champignons
Butterschmalz
150 ml kräftige Fleischbrühe
200 ml Sahne
3 EL süßer Senf
Salz, Pfeffer
1/2 Bund Schnittlauch

Zubereitung

Die Bratwürste häuten und in daumendicke Scheiben schneiden. Die Zwiebel fein hacken, die Champignons säubern und halbieren. Die Bratwurstscheiben im heißen Butterschmalz von beiden Seiten schön braun braten. Anschließend aus der Pfanne nehmen.
Die Zwiebel im gleichen Fett anschwitzen, die Champignons beifügen und braten, bis sie bräunen. Die Brühe angießen und bei starker Hitze auf die Hälfte einkochen lassen. Die Sahne und den Senf einrühren und so lange kochen, bis die Sauce schön dick ist. Würzen und die Bratwurst wieder hineingeben. 1 Minute erwärmen und abschließend mit dem klein gehackten Schnittlauch bestreuen.
Mit einem Stück Weißbrot oder mit Bratkartoffeln (s. S. 56) servieren.

Kalbsbratwürste mit Zwiebelmus

Zutaten

4 EL Olivenöl
1 kg Gemüsezwiebeln
2 TL scharfes Paprikapulver
300 ml Cidre (französischer Apfelwein)
300 ml kräftige Fleisch- oder Gemüsebrühe
Salz, Pfeffer, Zucker
je nach Größe 4 oder 8 Kalbsbratwürste

Zubereitung

Das Öl in einem großen Bräter erhitzen. Die Zwiebeln in sehr feine Scheiben schneiden und bei mittlerer Hitze im heißen Öl anschmoren, bis sie leicht Farbe nehmen. Mit Paprikapulver bestäuben und mit Cidre und Brühe auffüllen. Würzen und etwa 20 Minuten garen. In der Zwischenzeit die Bratwürste rundherum anbraten. Danach in den Zwiebelsud legen und bei kleiner Hitze 10 Minuten garen lassen. Zwiebelmus und Würste auf Teller verteilen und mit der Brühe begießen. Dazu esse ich frischen Stampes (s. S. 59).

Himmel un Äd mit Flönz

Unter dem Namen „Himmel un Äd“ verstehen die meisten Kölner zunächst gebratene Blutwurst. Dabei gehört die eigentlich gar nicht dazu. Der Himmel, das sind Äpfel, und die Erde, das sind Kartoffeln und Zwiebeln. Die gestampften Kartoffeln werden mit den gekochten Äpfeln und den schön braun angebratenen Zwiebeln gemischt. Anschließend wird die Blutwurst gebraten.

Zubereitung

Die Sahne mit 20 g Butter aufkochen. Salzen, pfeffern und mit Muskat würzen. Die gekochten Kartoffeln zufügen und mit dem Kartoffelstampfer kräftig stampfen. Wenn das Püree zu fest scheint, noch etwas Butter unterrühren.
Die Äpfel schälen, entkernen und in Würfel schneiden. Den Zucker in einem Topf leicht karamellisieren und 30 g Butter dazugeben. Apfelwürfel unter häufigem Wenden darin weich dünsten. In einer separaten Pfanne die restliche Butter auslassen und darin die in feine Ringe geschnittene Zwiebel schön braun braten. Anschließend die Äpfel und die Zwiebeln unter das Püree mischen. Warm halten.
Die Blutwurst häuten und in daumendicke Scheiben schneiden. Leicht mit Mehl bestäuben und in heißem Butterschmalz von beiden Seiten knusprig braten. Nicht zu lange in der Pfanne lassen, sonst wird die Wurst wieder flüssig.
Himmel un Äd auf Teller verteilen und die knusprige Flönz darauf verteilen.

Zutaten

100 ml Sahne
70 g Butter
Salz, weißer Pfeffer, Muskat
500 g weich gekochte Salzkartoffeln
500 g Äpfel (deutscher Braeburn)
30 g Zucker
1 große Gemüsezwiebel
1 Ring beste Blutwurst
Mehl
Butterschmalz

Fisch

Kabeljau in Speck gebraten

Der Kabeljau, auch Dorsch genannt, stammt aus dem Atlantik und kann bis zu 2 m groß werden. Dieser Fisch hat schon früher viele Menschen ernährt. Getrocknet wurde er als Stockfisch (siehe Kuschelemusch s. S. 130) über lange Strecken transportiert. An dieser Stelle möchte ich noch ein Buch empfehlen, das sich mit diesem Fisch beschäftigt: „Kabeljau – Der Fisch, der die Welt veränderte“. Das Fleisch wird auf Grund der Größe des Fisches meist bereits filetiert angeboten.

Zubereitung

Kabeljau in 4 Stücke teilen. Leicht pfeffern und jedes Stück in 1–2 Speckscheiben einwickeln. Mit etwas Mehl bestäuben. In heißem Butterschmalz von beiden Seiten je 3 Minuten braten. Dazu passt Kartoffelpüree (s. S. 59) und/oder Linsengemüse (s. S. 80) und auch die warme, gebundene Senfsauce (s. S 49).

Zutaten

500 g Kabeljaufilet
weißer Pfeffer
4–8 hauchdünne Scheiben
durchwachsener Speck
Mehl
Butterschmalz

Tipp

Zum Bestäuben 1 Esslöffel Mehl in ein kleines Teesieb geben. Durch leichtes Bewegen des Siebes das Mehl sehr dünn und gleichmäßig auf dem Fisch verteilen.

Kabeljau-Frikadellen

Zutaten

500 g Kabeljaufilet
2 Schalotten
1 Knoblauchzehe
125 ml Sahne
1 Ei
2 EL frische Semmelbrösel
2 EL gehackte Petersilie
2 EL gehackter Schnittlauch
Salz, Pfeffer, Cayennepfeffer,
Zitronensaft
Pflanzenöl

Zubereitung

Das Kabeljaufilet in sehr kleine Würfel schneiden. Die Schalotten und die Knoblauchzehe fein hacken. Alle restlichen Zutaten bis auf das Öl dazugeben und gut vermischen. Mit den Gewürzen abschmecken. Die Masse 15 Minuten im Kühlschrank ziehen lassen. Anschließend kleine Frikadellen formen und im heißen Öl knusprig ausbacken.
Dazu etwas Schnittlauchsauce oder Quark servieren.

Tipp

Das Kabeljaufilet vor dem Schneiden leicht anfrieren. Dadurch ist es nicht so „glitschig“ und lässt sich viel besser verarbeiten.

Kuschelemusch (Stockfisch)

Das Wort Kuschelemusch bedeutet eigentlich Durcheinander, genauer: Durcheinander auf dem Teller. Dies ist der vornehme Ausdruck für Resteverwertung. Der getrocknete Kabeljau war der einzige Fisch, den sich arme Leute früher leisten konnten. Die beim Mittagessen übrig gebliebenen Stücke des Fisches wurden dann am Abend mit Kartoffeln und Zwiebeln in der Pfanne zusammengerührt. Die nachfolgende Variante ist eher an den heutigen Geschmack angepasst.

Zubereitung

Den Stockfisch 24 (!) Stunden in kaltes Wasser legen. In dieser Zeit das Wasser viermal wechseln. Den Fisch anschließend entgräten und in mundgerechte Stücke schneiden. Die Zwiebeln schälen und in feinste Würfelchen schneiden. Die Butter auslassen und die Zwiebeln darin weich dünsten. Das Mehl überstäuben und kurz anziehen lassen. Mit der heißen Brühe ablöschen und mit Sahne und Zitronensaft auffüllen. Zur gewünschten Konsistenz einkochen und würzen. Die Hitze reduzieren und die Stockfischstückchen einlegen. Nach 10 Minuten die in Scheiben geschnittenen Pellkartoffeln ebenfalls vorsichtig unterheben und in der Sauce erwärmen.

Zutaten

1 kg Stockfisch
2 Gemüsezwiebeln
20 g Butter
20 g Mehl
250 ml heiße Gemüsebrühe
100 ml Sahne
Saft von 1/2 Zitrone
Salz, weißer Pfeffer
500 g Pellkartoffeln

Der Hering

Der Hering war und ist der meist verbreitete Fisch in unseren Küstengewässern. Die großen Exemplare stammen meist aus dem Atlantik, die mittleren Größen fängt man im Ärmelkanal.
Man unterscheidet zwischen folgenden Heringsarten:

Matjes

Hauptsächlich im Juni gibt es diese jungfräulichen Heringe, die noch nicht gelaicht haben oder zumindest äußerlich keine Anzeichen von Milch oder Rogen aufweisen. Sie werden meistens in großen Holzfässern mild gesalzen. Man isst sie gehäutet und filetiert zusammen mit Zwiebeln und Gewürzen. Der Matjeshering muss frisch verzehrt werden.

Vollheringe

Ausgewachsene Heringe vor dem Laichen, die „hart gesalzen“ werden.

Yhlenheringe

Magere, abgelaichte Heringe, ebenfalls „hart gesalzen“.

Grüne Heringe

Immer wieder hört man den Begriff „Grüner Hering“. Dabei handelt es sich um frische und ungesalzene Heringe. Sie werden meist kurz gebraten und anschließend in einer Würzmarinade eingelegt. Es handelt sich dabei um ausgenommene, aber nicht entgrätete Fische ohne Kopf. Der so genannte „Bismarckhering“ ist dagegen entgrätet.

Matjes mit Speck und Kartoffeln

Zubereitung

Die Heringe 2 Stunden in die Milch einlegen. Anschließend mit Küchenkrepp trocknen. Den Speck in feine Streifen schneiden und bei kleiner Hitze in einer Pfanne langsam auslassen. Die Zwiebel in hauchdünne Scheiben schneiden. Wenn der Speck sein Fett abgegeben hat, die Zwiebeln zufügen und so lange mitbraten, bis sie eine goldgelbe Farbe angenommen haben. Währenddessen die Kartoffeln gut abbürsten, waschen und mit der Schale in Salzwasser garen.

Die Heringe auf die Teller verteilen und mit Pfeffer bestreuen. Die Zwiebel-Speck-Masse darüber verteilen und die Kartoffeln mit der Schale dazu reichen.

Zutaten

8 Matjes
300 ml Milch
150 g magerer
durchwachsener Speck
1 Gemüsezwiebel
1 kg Kartoffeln
Pfeffer

Heringsstipp mit Pellkartoffeln

Zubereitung

Die Salzheringe 2 Stunden in kaltem Wasser entsalzen. Die Heringe häuten und entgräten. Die Filets auslösen und diese für weitere 2 Stunden in die Milch einlegen, anschließend auf Küchenkrepp gut trocknen.
Die Mayonnaise herstellen. Die Gemüsezwiebeln fein reiben und in die Mayonnaise einrühren. Die Gurken und die geschälten und entkernten Äpfel in feine Würfel schneiden und ebenfalls in die Mayonnaise einrühren. Mit Salz, Pfeffer und Zucker abschmecken. Die Heringe in Stücke schneiden und für 12 Stunden in die Marinade einlegen. Mit frischen Pellkartoffeln und kalter Salzbutter servieren.

Zutaten

6 Salzheringe
500 ml Milch
100 g frische Mayonnaise
(s. S. 46)
2 Gemüsezwiebeln
2 Gewürzgurken
2 saure Äpfel (Boskop)
Salz, Pfeffer
Zucker
1 kg frische Pellkartoffeln
200 g Salzbutter

Matjes in Zwiebelmarinade

Zubereitung

Die Heringsfilets für 1 Stunde in die kalte Milch einlegen. Die Zwiebel in hauchdünne Ringe schneiden. Den Apfel schälen, entkernen und in Würfel schneiden. Mit den Zwiebelringen, der sauren Sahne und dem Pfeffer mischen und in ein Steingutgefäß geben. Die Heringe aus der Milch nehmen und mit Küchenkrepp trocknen. Anschließend in die Marinade geben und zugedeckt über Nacht durchziehen lassen. Die Heringe werden in aller Regel nur mit Schwarzbrot und Butter gegessen.

Zutaten

8 Matjesfilets (ca. 600 g)
200 ml Milch
1 Gemüsezwiebel
1 säuerlicher Apfel (Boskop)
150 ml saure Sahne
weißer Pfeffer

Tipp

Sollten Sie Salzheringe verwenden, diese zunächst 2 Stunden in kaltem Wasser wässern. Anschließend wie oben beschrieben weiterverarbeiten.

Bratheringe

Zutaten

8 mittelgroße „Grüne Heringe" (s. S. 131)
1 Zitrone
8 Zweige Thymian
8 Stiele Petersilie
Salz, Pfeffer
Mehl
Butterschmalz

Zubereitung

Den Backofen auf 100 °C vorheizen. Die Heringe waschen und trocknen. Mit Zitronensaft beträufeln und je 1 Thymianzweig und einen Petersilienstiel in die Bauchhöhle der Fische legen. Salz und Pfeffer mit dem Mehl vermischen und die Heringe darin wenden. Überschüssiges Mehl abklopfen. Butterschmalz in einer Fischpfanne erhitzen und die Fische von jeder Seite 3 Minuten braten. Anschließend im vorgeheizten Backofen warm stellen. Alle Fische auf diese Weise braten und anschließend mit Salzkartoffeln und der warmen Senfsauce (s. S. 49) oder mit einem meiner Kartoffelsalate (s. S. 27/28) servieren.

Marinierte Bratheringe

Zutaten

8 „Grüne Heringe" (s. S. 131)
Salz
Pflanzenöl
1 große Gemüsezwiebel
250 ml Weißweinessig
1/2 TL Salz
1 EL Senfkörner
8 weiße Pfefferkörner
8 Pimentkörner
1 Lorbeerblatt

Zubereitung

Die küchenfertigen Heringe außen und innen salzen und in einer Pfanne in reichlich Pflanzenöl von beiden Seiten goldbraun braten. Anschließend auf Küchenkrepp entfetten und in ein ausreichend großes Gefäß legen. Die Zwiebel in hauchdünne Ringe schneiden und über die Fische verteilen.

150 ml Wasser und Essig mit den Gewürzen 1 Minute kochen. Erkalten lassen und über die Heringe gießen. Das Gefäß mit einem Deckel oder Klarsichtfolie gut abdecken und die Heringe für 3 Tage im Kühlschrank durchziehen lassen.

Miesmuscheln gedämpft

Miesmuscheln gibt es bei uns nur in den Monaten mit „R“, also nicht im Sommer. Was dieser Aberglaube soll, ist mir eigentlich unverständlich. An der französischen Nordseeküste gibt es sie das ganze Jahr, und am besten schmecken die kleinen Muscheln im Mai. Wahrscheinlich rührt dieser Brauch noch aus der Zeit, als es keine Kühlung gab, denn eins ist richtig: Muscheln müssen frisch sein, im Idealfall werden sie noch lebend geliefert. Sie werden fast überall in Muschelgärten gezüchtet und bevorzugt im eigenen Sud gegart.

Zubereitung

Die Muscheln unter fließendem Wasser kräftig abschrubben und die Bärte entfernen. Abermals im Sieb gut abspülen. Dabei bereits geöffnete Muscheln unbedingt aussortieren und wegschmeißen.
Möhren, Lauch und Zwiebeln in kleine Würfel schneiden und im Olivenöl anschwitzen. Die Muscheln, den gehackten Knoblauch und die Gewürze dazugeben und mit Weißwein ablöschen. Bei kleiner Hitze und geschlossenem Topf 10 Minuten garen. Sofort servieren. Achtung: Ungeöffnete Muscheln wegwerfen, nicht gewaltsam öffnen.
Dazu isst man bei uns in Köln Schwarzbrot und Butter. In Frankreich serviert man Pommes frites dazu. Und bei Ihnen?

Zutaten

4 kg Muscheln
200 g Möhren
200 g Lauch
2 Zwiebeln
Olivenöl
2 Knoblauchzehen
4 Zweige Thymian
1 Lorbeerblatt
1 Flasche Weißwein

Tipp

Viele essen den Muschelsud gerne scharf. Hierfür gibt es zwei Möglichkeiten. Entweder rühren Sie noch einen Esslöffel scharfen Senf oder einen Teelöffel Cayennepfeffer ein. Der Sud kann unendlich variiert werden. Zum Beispiel können Sie statt Wein ein Gemisch aus Sherry und Fischfond in gleicher Menge nehmen und dazu noch 3 Esslöffel grüne Pfefferkörner geben. Auch bei dem Gemüse können Sie erweitern. Eine interessante Variante ist noch das Rezept auf folgender Seite.

Miesmuscheln mit Tomatensauce

Zutaten

4 kg Miesmuscheln
4 Zwiebeln
4 Knoblauchzehen
8 Fleischtomaten
8 EL Olivenöl
4 Zweige Thymian
2 Lorbeerblätter
Salz, Pfeffer
250 ml Fischfond

Zubereitung

Muscheln putzen wie im vorherigen Rezept beschrieben. Zwiebeln und Knoblauch fein hacken. Die Tomaten mit kochendem Wasser überbrühen, häuten und entkernen.
Das Olivenöl in einem großen Topf erhitzen und Zwiebeln und Knoblauch anschwitzen. Tomatenfleisch dazugeben und mit den Gewürzen abschmecken. Den Fischfond angießen und einige Minuten durchkochen. Muscheln einfüllen und bei geschlossenem Topf 8–10 Minuten garen.
Mit Weißbrot oder Nudeln servieren.

Tipp

Diese Variante schmeckt auch scharf sehr gut. Dabei getrocknete Chilischoten verarbeiten und zum Schluss gehacktes Basilikum dazugeben.

Nachspeisen

Armer Ritter

Ein etwas aus der Mode gekommenes Dessert. Vielleicht, weil es ein Arme-Leute-Essen war. Dabei ist es so lecker und kann ja auch noch verfeinert werden.

Zubereitung

Milch, Sahne, Eier, Zitronenschale, Vanillezucker und Salz verquirlen. Die Brotscheiben durch diese Eiermischung ziehen und anschließend im Paniermehl wenden. Dabei braucht es etwas Fingerspitzengefühl, damit das Brot nicht zu nass wird. Das Fett in einer beschichteten Pfanne erhitzen und die Brotscheiben darin von beiden Seiten goldgelb ausbacken. Noch heiß mit Zucker und Zimt bestreuen.

Zutaten

250 ml Milch
40 ml Sahne
3 Eier
fein abgeriebene Schale von
1 Zitrone
1 Päckchen Vanillezucker
1 Prise Salz
8 Scheiben altbackenes
Weißbrot oder Zwieback
frisches Paniermehl
(s. Küchenpraxis S. 158)
Butterschmalz
Zucker, Zimt

Tipp

Sehr lecker schmecken diese „Butterbrote“ mit einer warmen oder kalten Vanillesauce (s. S. 148).

Quarkcreme mit Erdbeeren

Zubereitung

Die Gelatine in kaltes Wasser legen. Den Zitronensaft mit Zucker, dem ausgekratzten Vanillemark und den leeren Vanilleschoten aufkochen. Vom Herd nehmen, Schoten entfernen. Die eingeweichte und gut ausgedrückte Gelatine einrühren und den Quark unterheben. Zitronenschale und geschlagene Sahne unterheben, in Portionsförmchen verteilen. (Kann auch in der Schüssel bleiben und mit dem Löffel zu Nocken abgestochen werden.) Mindestens vier Stunden kalt stellen. Die Erdbeeren säubern, mit etwas Zucker bestreuen, 30 Minuten ziehen lassen und mit der Quarkspeise servieren.

Zutaten

4 Blatt Gelatine
Saft und Schale von
3 Zitronen
125 g Zucker
2 Vanilleschoten
500 g Quark
250 ml Sahne
500 g kleine Erdbeeren

Rhabarbercreme

Ab Ende April ist Rhabarberzeit. Dann gibt's die säuerlichen Blattstiele in Köln an allen Ecken. Als Kuchen oder Kaltschale, als Kompott oder Marmelade. Dabei ist der Rhabarber keineswegs eine deutsche Pflanze, nicht einmal aus Europa kommt dieses Knöterichgewächs, sondern es kommt von den „Barbaren" (Ausländern) aus dem innerasiatischen Raum. Daher stammt auch der Name. Erst ab etwa 1900 wurde der Rhabarber hier bei uns gegessen. In anderen Ländern der Welt spielt er übrigens kaum eine Rolle oder ist sogar gänzlich unbekannt.

Zutaten

400 g Rhabarber
Saft von 3 Zitronen
250 g Zucker
200 ml Weißwein
6 Eigelb
Mark von 1 Vanilleschote
1 Prise Zimt
100 ml Sahne

Zubereitung

Rhabarber putzen und in 2 cm große Stücke schneiden. Den Zitronensaft, 190 g Zucker und den Weißwein aufkochen. Rhabarberstücke dazugeben und weich, aber nicht matschig dünsten. Abgießen und dabei den Saft auffangen. Die Rhabarberstücke abkühlen lassen. 125 ml Kochsud mit den Eigelb, dem restlichen Zucker, dem Vanillemark und etwas Zimt im heißen Wasserbad cremig aufschlagen. Anschließend auf Eiswasser kalt schlagen. Wenn die Creme abgekühlt ist, die Rhabarberstücke und die geschlagene Sahne unterheben und das Ganze bis zum Servieren kühl stellen. Servieren Sie die Creme mit Erdbeeren.

Gedeckter Apfelkuchen

Die kölsche Appeltaat wird eigentlich nicht als gedeckter Apfel gebacken. Aber dieses Rezept meiner Großmutter entzückt die Familie schon seit Generationen und wird sich nun in Windeseile in der Domstadt verbreiten!

Zutaten

Für den Teig
370 g Mehl
1 Päckchen Backpulver
125 g Butter
125 g Zucker
1 Päckchen Vanillezucker
2 Eier
5 EL Milch

Für den Belag
1,3 kg säuerliche Äpfel
50 g Zucker
1 Päckchen Vanillezucker
Saft von 1 1/2 Zitronen
3 EL Zimt
150 g Puderzucker

Zubereitung

Aus Mehl, Backpulver, Butter, Zucker, Vanillezucker, Eiern und Milch einen Mürbeteig herstellen. Diesen in eine Folie einschlagen und mindestens 1 Stunde in den Kühlschrank legen. Die Äpfel schälen und in Stücke schneiden. Zusammen mit dem Zucker andünsten.
1 Päckchen Vanillezucker, den Saft von 1 Zitrone dazugeben und mit Zimt kräftig abschmecken. Den Topf verschließen. 10 Minuten bei kleiner Flamme köcheln. Danach mit einem Kartoffelstampfer etwas stampfen. Es sollen aber noch Stücke sichtbar bleiben. Die Apfelmasse abkühlen lassen. Eine große Springform buttern. Vom Teig zwei Drittel abstechen und ausrollen. Der Teig ist klebriger als normaler Mürbeteig, deshalb eventuell auf Klarsichtfolie ausrollen. Die Springform einschließlich Rand damit auskleiden. Der Teig sollte etwas überstehen. Darauf achten, dass keine Löcher entstehen. Die Apfelmasse einfüllen und den Rest Teig auf die Größe der Springform ausrollen. Den „Deckel“ vorsichtig aufsetzen und mit dem Rand zusammendrücken. Mit den Zinken einer Gabel einige Male einstechen, so dass beim Backen Dampf entweichen kann. Bei 200 °C auf den untersten Einschub des Backofens schieben. Sollten Sie gesondert Hitze von unten zuführen können, wäre das optimal. So lange backen, bis die Oberfläche schön gebräunt ist. Herausnehmen, den Ring der Springform entfernen und abkühlen lassen. Den Puderzucker mit dem Saft von 1/2 Zitrone zu einer dicken Paste verrühren. Mit einem Messer auf dem Kuchen verteilen und fest werden lassen. Den Kuchen mit Schlagsahne servieren.

Frisches Apfelmus/Apfelkompott

Apfelmus kann man wirklich immer leicht selbst herstellen. Also bitte Finger weg von der Supermarktware.

Zubereitung

Die Äpfel schälen, vom Kerngehäuse befreien und klein schneiden. Die Butter in einem Topf zerlassen und den Zucker darin goldgelb karamellisieren. Die Apfelstücke dazugeben und den Zitronensaft beifügen. Bei geschlossenem Topf 10 Minuten dünsten.
Jetzt entscheidenSie, ob Sie Mus oder Kompott haben möchten. Für Mus pürieren Sie alles ganz fein. Für Kompott stampfen Sie mit dem Kartoffelstampfer mehrmals in die Apfelmasse.
Abgekühlt oder lauwarm servieren.

Zutaten

1 kg Äpfel (z. B. Braeburn, Cox oder Boskop)
50 g Butter
2 EL Zucker
1 Päckchen Vanillezucker
Saft von 1/2 Zitrone

Apfelpfannkuchen

Zutaten

150 g Mehl
200 ml Milch
Salz
2 Eier
1 Msp abgeriebene Zitronenschale
1 TL Zimt
2 säuerliche Äpfel (Granny Smith oder Boskop)
Butter
Zucker

Zubereitung

Mehl, Milch, eine Prise Salz und die Eier in einer Schüssel kräftig glatt rühren. Die Zitronenschale und den Zimt dazugeben. Die Äpfel schälen, entkernen und in dünne Scheiben schneiden. Unter den Teig heben.
Eine beschichtete Pfanne erhitzen und die Butter darin auslassen. Mit einem Löffel die Teigmasse hineingeben und mit dem Löffelrücken flach drücken. Ähnlich wie Reibekuchen portionsweise von beiden Seiten goldgelb ausbacken. Anschließend noch heiß mit Zucker bestreuen. Sofort verzehren.

Bratäpfel

Zutaten

2 EL Rosinen
125 ml Apfelsaft
8 kleine Äpfel (Boskop)
1 EL Zitronensaft
20 g Butter
40 g grob gehackte Mandeln
1 Msp Zimt
1 EL Honig

Zubereitung

Den Backofen auf 160 °C vorheizen. Die Rosinen in den Apfelsaft einlegen und 30 Minuten ziehen lassen. Die Kerngehäuse aus den Äpfeln ausstechen. Die Schnittflächen mit Zitronensaft einreiben, damit die Äpfel nicht bräunen. Mit der Hälfte der Butter eine feuerfeste Form ausstreichen. Die Rosinen aus dem Saft nehmen und mit einem großen Küchenmesser grob hacken. Den Apfelsaft in die feuerfeste Form gießen. Die Rosinen mit den Mandeln, der restlichen Butter, dem Zimt und dem Honig gut mischen. Die Äpfel mit dieser Mischung füllen und anschließend in die Form stellen. Für 20 Minuten in den Ofen schieben.

Tipp

Gießen Sie zum Schluss über jeden Apfel etwas warme oder kalte Vanillesauce (s. S. 148).

Vanillesauce

Diese Sauce schmeckt warm besonders gut zu Äpfeln und zu Schokoladeneis oder kalt zum Schokoladenpudding. Aber auch angedickt ganz für sich alleine ist sie ein Gedicht.

Zubereitung

Die Vanillestangen der Länge nach aufschlitzen. Die Milch in einen Topf gießen. Das Mark der Vanilleschoten mit der Messerspitze auskratzen und in die Milch geben. Diese Mischung vorsichtig erhitzen. Sie sollte aber nicht kochen.

In der Zwischenzeit die Eigelb mit dem Zucker in einer Rührschüssel schön cremig schlagen. Die heiße Vanillemilch jetzt in einem ganz feinen Strahl unter die Eiercreme schlagen. Anschließend die Sauce zurück in den Topf gießen und unter größter Vorsicht und intensivem Schlagen erhitzen, bis sie kurz davor steht zu kochen. Dabei wird die Creme immer fester. Aber Achtung, nicht zu fest werden lassen, sonst muss man sie wegschmeißen! Also, lieber etwas flüssiger lassen als verderben.

Zutaten

2 große Vanilleschoten
700 ml Vollmilch
8 Eigelb
130 g brauner Rohrzucker

Tipp

Geben Sie eine Messerspitze Pfeilwurzelmehl gleich zu Beginn zum Zucker und den Eiern. Dies ist besonders hilfreich, wenn man die Vanillesauce gerne kalt servieren möchte.

Waffeln

Wer knusprige Waffeln liebt, sollte das nachfolgende Rezept auf jeden Fall ausprobieren.

Zutaten

200 g zimmerwarme Butter
200 g Zucker
4 Eier
fein abgeriebene Schale von
1 Zitrone
Salz
200 g Mehl
evtl. Puderzucker

Zubereitung

Die angegebenen Zutaten zu einem glatten Teig verrühren. Das Waffeleisen erhitzen und die Waffeln ohne zusätzliches Fett knusprig backen. Anschließend auf Wunsch mit Puderzucker bestäuben.

Bemerkung

Das klassische Waffelrezept wird mit heißen Kirschen und Sahne zubereitet. Die Kirschen aus dem Glas in ein Sieb gießen. Dabei den Saft in einem Topf auffangen. Den Kirschsaft mit 1 Päckchen Vanillezucker, einer Zimtstange, ein paar Tropfen Kirschwasser, 50 ml Cassislikör, 1 Spritzer Amaretto und 50 ml Portwein erhitzen. Die Flüssigkeit mit etwas zuvor in Wasser aufgelöstem Pfeilwurzelmehl (Tapioka) andicken. Die Kirschen in diesem Saft sanft erhitzen.

Tipp

Das Kirschragout nur vorsichtig andicken. Beim Erkalten wird der Saft nochmals steifer.

Schokoladenpudding

Als Kind habe ich Schokopudding sehr häufig zum Nachtisch bekommen. Entweder mit Sahne oder mit Vanillesauce hat er in meiner Erinnerung einen Ehrenplatz. Dann allerdings kam der Tütenpudding, der aber auch gar nichts mehr von der eigentlichen Idee übrig lässt. Und heute ist der Pudding in der Versenkung verschwunden. Welche Schande!!

Zutaten

700 ml Vollmilch
50 g Speisestärke (Pfeilwurzelmehl, s. Küchenpraxis S. 159)
100 g Edelbitter-Schokolade (beste Qualität)
100 g Zucker
2 Eiweiß
200 ml frische Sahne

Zubereitung

Mit 50 ml der Milch die Speisestärke glatt rühren. Den Rest der Milch in einen Topf schütten, die Schokolade hineinbröckeln, 70 g Zucker beifügen und langsam erhitzen, bis die Schokolade und der Zucker vollständig geschmolzen sind. Kurz aufkochen lassen und unter heftigem Schlagen mit dem Schneebesen die aufgelöste Speisestärke einlaufen lassen. 2 Minuten weiterkochen und vom Herd nehmen. Die Eiweiß steif schlagen und unter die Schokoladencreme heben. Den Pudding in eine mit Wasser ausgespülte Schüssel füllen, mit Folie abdichten und in den Kühlschrank stellen. Vor dem Servieren die Sahne mit dem restlichen Zucker steif schlagen und mit dem Schneebesen unter den Pudding heben.

Bemerkung

Pfeilwurzelmehl, auch Tapioka genannt, ist bestens zum Andicken von Saucen geeignet. Es ist absolut geschmacksneutral. Erhältlich ist es in Reformhäusern oder Bioläden.
Die Menge der Speisestärke richtet sich danach, ob Sie den Pudding lieber sehr steif oder noch etwas flüssig essen wollen. Das ist ebenso Geschmacksache wie die Wahl der Schokolade und die Menge des Zuckers. Oben stehende Variante ist meine liebste. Am besten probieren Sie mal ein bisschen herum, Ihre Hüften werden es Ihnen danken.

Muuze

Das Kölner Karnevalsgebäck. Frisch zubereitet noch einmal so lecker.

Zubereitung

Die Butter mit dem Zucker in einem Topf schaumig schlagen. Das Ei und den Rum unterrühren. Das Mehl aufhäufen und die Buttermischung in die Mitte geben. Die Milch dazugeben und mit einer Prise Salz würzen. Alles zu einem Teig verkneten.
Den Teig etwa 1 cm dick ausrollen und mit einem Muuzemandelstecher Plätzchen ausstechen. Sollten Sie ein solches Gerät nicht haben, müssen Sie ihre Fantasie und ein Messer bemühen. Ausreichend Fett in einem Topf oder besser noch in der Fritteuse erhitzen und die Teigplätzchen darin goldgelb ausbacken. Anschließend in Vanillezucker wälzen.

Zutaten

60 g zimmerwarme Butter
50 g Zucker
1 Ei
2 EL Rum (40 %)
250 g Mehl
5 EL Milch
Salz
Mehl zum Ausrollen
Fett
Vanillezucker

Kölner Spekulatius

Diese wunderbare Spezialität kauft fast jeder im Geschäft. Dabei ist die Herstellung gar nicht so schwer. Und der Duft nach Gewürzen, der dann durch die Wohnung zieht, ist alle Mühe wert. Der einzige Unterschied: Privat kann man die Spekulatius nicht so toll in den alten Holzformen (Model) backen, aber es kommt doch auf den Geschmack an, oder?

Zutaten

275 g Butter
325 g feiner brauner Zucker
100 g Löffelbiskuit
50 ml Milch
1 Eigelb
75 g geriebene Mandeln
500 g Mehl
10 g Spekulatius-Gewürzmischung
1 Prise Salz

Zubereitung

Die kalte Butter mit dem Zucker verkneten. Die Löffelbiskuits zerbröseln. Die zerbröselten Biskuits und die Milch einkneten. Anschließend das Eigelb und die restlichen Zutaten mit einarbeiten. Dabei ähnlich vorgehen wie bei der Herstellung von Streuseln. Es sollen also am Ende lauter unterschiedlich große Teigstücke vorliegen. Diese über Nacht im Kühlschrank aufbewahren.
Am nächsten Tag den Teig kurz durchkneten und sehr dünn ausrollen. Mit Förmchen ausstechen und auf einem Backblech, das mit Backpapier ausgelegt ist, anordnen.
Den Backofen auf 180 °C vorheizen und die Spekulatius 15–20 Minuten darin goldgelb backen.

Tipp

Sie können das Spekulatiusgewürz auch selbst herstellen. Dafür 1 Teelöffel Zimt und je 2 Messerspitzen Nelkenpulver, Kardamompulver und Muskatpulver vermischen.

Küchenpraxis

und Kölsche Wörter

Ädappel – Kartoffel

Ähzezupp – Erbsensuppe

Appeltaat – Apfelkuchen

Armer Ritter – In der Pfanne gebackene Weißbrotscheibe

Ablöschen – Nach dem Anbraten werden Fleisch, Gemüse oder Mehlschwitze mit Wein, kalter oder warmer Flüssigkeit abgelöscht. Mittels dieser Flüssigkeit wird der erste Bratansatz losgekocht.

Alufolie – In Alufolie kann schonend gegart werden. Gut verschlossen gart der Fisch, das Fleisch oder das Gemüse im eigenen Saft. Alufolie ist geschmacksneutral. Oft wird die Folie auch zum Warmhalten gebraucht. Dafür die glänzende Seite nach innen nehmen. Diese Seite reflektiert die Hitze. Die matte Seite ist demnach ideal, um etwas kühl zu halten.

Anrösten - Zwiebeln oder anderes Gemüse in Fett leicht oder stark anbraten. Dadurch wird der Geschmack intensiviert.

Auslösen – Fleisch oder Fisch von den Knochen befreien.

Balsamessig – Mit diesem wunderbaren Essig aus Norditalien wird derzeit viel Schindluder getrieben. Dabei hilft den Verkäufern die Begriffsverwirrung bei den Konsumenten. Man unterscheidet im Wesentlichen zwischen Aceto Balsamico Tradizionale, dem Top-Produkt, bei dem von etwa 100 l besten Rotweins nach Jahren der Lagerung in kleinen Holzfässchen nur noch 4 l Balsamessig übrig bleiben, und dem minderwertigen Balsamico di Modena. Leider wird meist dieser in den Geschäften angeboten. Vom Tradizionale reichen einige wenige Tropfen, um eine Speise zu veredeln, während man mit dem Namensvetter aus Modena schon verschwenderischer umgehen kann.

Blanchieren – Der Begriff stammt aus dem Französischen (blanchir = weiß machen) und meint das Überbrühen von Lebensmitteln mit kochendem Wasser. Dies kann zwei Gründe haben. Man will ein bestimmtes Gemüse vorgaren, um es hinterher dem Rezept entsprechend weiterzuverarbeiten (in diesem Falle wird das Gemüse nach dem Blanchieren unter eiskaltem Wasser abgeschreckt, um den Garprozess zu stoppen). Der andere Grund ist, eventuell anhaftende Bitterstoffe, Geruchsspuren o. ä. bei Gemüsen zu beseitigen.

Blotwoosch – Blutwurst

Chili – Scharfe Verwandte der Paprikaschoten. Sie stammen meist aus Südamerika und sind sehr scharf. Leider kann sich der Koch jedoch nicht darauf verlassen, daher empfehle ich, wenn es wirklich darauf ankommt, getrocknete Chilischoten zu nehmen. Die sind immer sehr scharf. Ob getrocknet oder frisch, wenn Sie die Kerne entfernen, werden die Schoten wesentlich milder. Übrigens, die roten, getrockneten Chilischoten werden gemahlen zu Cayennepfeffer.

Crème double – Besonders dicke Sahne, Doppelrahm. Wird vor allem für Suppen verwendet.

Crème fraîche – Eigentlich das Gleiche wie die handelsübliche Sahne. Sie wird nur aus Sauermilch statt aus süßem Rahm gemacht. Die Crème hat genau wie die normale Sahne etwa 30 Prozent Fettgehalt.

Croûtons – Kleine in Würfel geschnittene Weißbrotstücke, die in viel Butter oder Olivenöl in der Pfanne goldgelb geröstet werden. Dabei darf zum Schluss gerne etwas frischer Knoblauch dazugegeben werden. Abschließend auf Küchenkrepp entfetten.

Eier
Handelsklassen: A = hochwertige frische Eier B = Eier zweiter Wahl

Gewichtsklassen:
Klasse 7 = unter 45 g
Klasse 6 = 45–50 g
Klasse 5 = 50–55 g
Klasse 4 = 55–60 g
Klasse 3 = 60–65 g
Klasse 2 = 65–70 g
Klasse 1 = über 70 g

Eier immer im Kühlschrank mit dem dicken Teil nach oben zeigend aufbewahren. Um zu prüfen, ob Eier frisch sind, diese in kaltes Wasser legen. Frische Ware bleibt flach auf dem Boden liegen. Weniger frische Eier stellen sich auf.

Fitschbunne – Stangenbohnen, in kleine Stücke geschnitten

Flönz – Blutwurst

Flotte Lotte – Große runde Blechform, auf deren Boden verschieden feine Siebe montiert werden können. Mit Hilfe einer an einer Seite offenen, darüber liegenden Scheibe werden feste Bestandteile einer Sauce, weich gekochte Gemüse und anderes mehr durchgedreht. Eigentlich ein Passiersieb mit Kurbelantrieb. Sehr zu empfehlen.

Foderkaat – Speisekarte

Gelatine – Gelatine ist reines kollagenes Eiweiß und wird als Blatt oder in Pulverform angeboten. Sie sollte in kaltem Wasser eingeweicht, gut ausgedrückt und unter kräftigem Rühren in warme Flüssigkeit eingeschlagen werden. Nach dem Abkühlen wird die Masse durch die Gelatine steif.

Gewichtsangaben
ein gestrichener Esslöffel:

– Kaffeebohnen	10 g
– Mehl	12–15 g
– Kartoffelmehl	15–20 g
– Reis	25 g
– Grieß	25 g
– grobkörniges Salz	25 g
– getrocknete weiße Bohnen oder Linsen	20 g
– Zucker	20 g

Gewürzsäckchen – Kleines Mullsäckchen, in das Kräuter oder Gewürzmischungen eingebunden werden. Diese Mulltücher können im Küchenfachhandel gekauft werden. Sie haben einen Durchmesser von etwa 10 cm und werden nach dem Füllen mit Küchengarn verschlossen. Auf diese Weise den Speisen beigegeben, können sie nach dem Kochen leicht wieder entfernt werden. Besonders zu empfehlen bei Schmorgerichten mit langer Garzeit. Dafür werden dann ungemahlene, ganze Gewürze verwendet. Gemahlene Gewürze werden bei längerer Garzeit leicht bitter. Tipp: Sollte kein Mullsäckchen vorhanden sein, können Sie auch ein Tee-Ei verwenden.

Hämmchen – gepökelte und mit Sauerkraut gekochte Schweinshaxe

Halver Hahn – mit mittelaltem Holländer belegtes Roggenbrötchen

Himmel un Äd – Kartoffel-Apfel-Püree, meist mit Blutwurst serviert

Hirring – Hering

Kappes – Kohl

Kartoffelsorten – Über das Thema Kartoffeln können ganze Bücher geschrieben werden. Hier nur so viel: Man unterscheidet zwischen
fest kochend: geeignet für Salate, Pellkartoffeln oder Bratkartoffeln (z. B. Hansa, Nicola, Selma oder Sieglinde)
vorwiegend fest kochend: geeignet für Pellkartoffeln, Gratin, Rösti (z. B. Clivia, Hela, Desiree oder Gloria)
mehlig kochend: geeignet für Püree, Knödel, Suppen, Reibekuchen, Pommes frites (z. B. Aula, Bintje, Irmgard oder Datura)

Kölsch Kaviar – Roggenbrötchen mit Blutwurst

Krüstchen (Krüßje) – kleines Töpfchen (kleine Menge), meist Gulasch

Kuschelemusch – Stockfisch

Mörser – Kleiner Topf aus Hartholz oder besser aus Granit. Mit Hilfe eines Stößels werden im Mörser feste Bestandteile zu Mus oder Staub zerstoßen. Zum Beispiel Nüsse, Pfefferkörner, Kräuter, etc. Auch zum Vermischen von verschiedenen Zutaten zu gebrauchen. Anstelle eines Mörsers kann auch eine Moulinette genommen werden.

Muuze – Fastnachtsgebäck, Schmalzgebäck

Muuzemandeln – auch ein Schmalzgebäck, nur in Form einer Mandel

Paniermehl – Paniermehl gehört zu den Dingen, die man immer selbst herstellen sollte. Dafür einfach einige Brötchen oder etwas Baguette hart werden lassen. Anschließend in der Küchenmaschine fein mahlen. Fertig. Übrigens sollten Sie dieses Paniermehl nicht länger aufbewahren, sonst schmeckt es eines Tages so gruselig wie das gekaufte. Also, immer nur so viel herstellen, wie eben benötigt.

Pfeilwurzelmehl/Tapioka – Stärkemehl aus den Wurzeln des Maniokbaumes. Das Tapiokamehl findet als Stärkepulver vor allem in der feinen Küche Verwendung, weil es geschmacksneutral ist. Sie finden es in fast allen Bioläden.

Pürieren – Zu Mus verarbeiten. Dies geht mit dem Pürierstab, der „Flotten Lotte", dem Mörser oder durch das Drücken durch ein Passiersieb oder Tuch. Püriert wird vor allem aus optischen Gründen oder wenn man keine festen Bestandteile in einer Speise wünscht.

Quallmann – Pellkartoffel

Rievkoche – Reibekuchen

Schlot – Salat

Soorbrode – Sauerbraten

Stampes – Kartoffelpüree

Tomaten häuten – Viele Rezepte verlangen nur nach dem Fruchtfleisch der Tomaten. Das bekommen Sie so: Die Tomaten mit einem scharfen Messer kreuzweise einritzen und für 30 Sekunden in kochendes Wasser legen. Danach lässt sich die Haut problemlos abziehen. Jetzt die Tomaten vierteln und mit dem Daumen das weiche Innere mit den Kernen entfernen. Jetzt haben Sie nur noch das leckere Fruchtfleisch, das man in aller Regel zur weiteren Verarbeitung mit einem großen Messer grob hackt.

Topfkuchen – Döppekoche – Kesselkuchen – Puttes

Trapptrapp – Pferdefleisch, heute nur noch für Sauerbraten verwandt

Vanilleschoten – Schlauchförmige Fruchtkapsel einer Kletterorchidee. Die Kapsel ist zunächst grünlich und wird nach dem Ernten fermentiert. Dadurch erst entsteht ihr Duft und auch die bekannte schwarze Farbe. Man verwendet in aller Regel das Mark der Vanilleschote. Dazu wird die Schote aufgeschnitten und das Mark mit einem spitzen Messer ausgekratzt. Vanillezucker oder ähnliches sind kein Ersatz für frische Vanille.

Zitronenschale – Wird genau wie Limettenschale immer häufiger in den Rezepten verlangt. Die Schale von unbehandelten (!!!) Früchten muss sehr fein abgerieben werden. Dazu legen Sie ein Stück Backpapier auf ihre feinste Küchenreibe und reiben die Zitrone ab. Dies hat zwei Vorteile. Sie erhalten beim Abziehen des Papiers die ganze Menge Schale und die Reinigung der Reibe wird deutlich erleichtert. Die Schale enthält eine hohe Menge an ätherischem Zitronenöl und wird neben der normalen besonders in der süßen Küche verwendet.

Zizies – Bratwurst

Register

Apfelkuchen, gedeckter 145
Apfelmus, frisches 146
Apfelpfannkuchen 147
Armer Ritter 142

Blutwurst (Flönz) 120
Bohnen, dicke mit Speck 79
Bohnen, grüne 78
Bratäpfel 147
Brathähnchen 119
Brathering 137
Bratheringe, marinierte 137
Bratkartoffeln 56
Bratwurst 121
Bratwurst in süßer Senfsauce 123
Buttermilchkaltschale 15

Camembert, gebackener 14
Currywurst 122

Erbseneintopf 35
Erbsengemüse 76
Erbsensuppe 37

Feldsalat, Rheinischer 29
Feuer-Happen 12
Fleischwurst (Bockwurst) 120
Folienkartoffeln 107
Frikadellen 16

Geflügelbrühe 33
Frühstückseier, gekochte 20
Gemüsebrühe 32
Grillsauce 109
Grünkohl, Rheinischer 74
Gulaschsuppe 44

Halve Hahn 11
Hämmchen mit Sauerkraut 99
Happen mit Quetschkäse 13
Haxe, gebratene 100
Hering 131
Heringsstipp 134
Himmel un Äd mit Flönz 124
Hühnercremesuppe 43
Hühnerfrikadellen, scharfe 19

Joghurt-Sauce mit Minze 111

Kabeljau in Speck 128
Kabeljau-Frikadellen 129
Kalbsbratwürste 123
Kalbshaxe, geschmorte 101
Kalbsrouladen 92
Kartoffelgulasch 65
Kartoffelklöße 62
Kartoffelklöße, italienische 64
Kartoffelpüree (Stampes) 59
Kartoffelsalat m. Mayonnaise 28
Kartoffelsalat m. Speck 27
Kartoffelsuppe 38
Kartoffelsuppe (gegen Vampire) 39
Kohlrabi-Nudeln 71
Kohlrouladen 93
Kölschsuppe 41
Kotelett à la Lommerzheim 96
Kotelett mit Zwiebel-Gurken-Sauce 97
Kräuterbutter, frische 108
Kräutersenf 48
Kuschelemusch (Stockfisch) 130

Lammfrikadellen 17
Lammscheiben, marinierte 110
Leber, gebackene 104
Linseneintopf 38
Linsengemüse 80

Maronensuppe 45
Martinsgans 102
Matjes in Zwiebelmarinade 136
Matjes mit Speck 132
Mayonnaise 46
Meerrettichsauce 50
Mehlschwitze 34
Mettwurst 120
Miesmuscheln gedämpft 138
Miesmuscheln mit Tomatensauce 139
Möhren, glasierte 77
Muuze 152

Paprika-Tsatziki 108
Pochierte oder verlorene Eier 23
Pommes frites 58

Quarkcreme mit Erdbeeren 142

Reibekuchen 54
Remouladensauce 50
Rhabarbercreme 143
Rinderbrühe 34
Rindergulasch in Rotwein 113
Rinderhackbraten 18
Rinderrouladen 90
Roastbeef, gebratenes mit Remouladensauce 118
Röggelchen, belegte 10
Rosenkohl in Sahnesauce 71
Rotkohl 68
Rührei 22
Rührei mit Bratkartoffeln 22
Rührei mit Käse 22
Rührei mit Speck 22
Rührei mit Ziegenkäse 23

Sauce béarnaise 47
Sauerbraten 116
Sauerkraut 69
Schnibbelbohnensuppe 40
Schokoladenpudding 151
Schwarzwurzelgemüse 85
Schweinefilet in Kölschsauce 115
Schweinegulasch 112
Selleriesalat 26
Selleriesuppe 45
Senfsauce, kalte 48
Senfsauce, warme 49
Senfsauce, warme gebundene 49
Soleier mit zwei Saucen 25
Spargel 82
Spargel aus der Folie 84
Spargelcremesuppe 42
Speckpfannkuchen 19
Spekulatius, Kölner 153
Spiegelei 21
Spinatgemüse 81
Spitzkohl mit Speck 72
Stampes mit Äpfeln und Zwiebeln 61
Stampes mit Endiviensalat 60
Stampes mit Erbsen 60
Stampes mit Kräutern 60
Stampes mit Möhren 60
Stielmus/Rübstielgemüse 75
Sülze 103

Tatar 88
Tomatenketchup 122
Topfkuchen 55

Vanillesauce 148

Waffeln 149
Wiener Schnitzel 94
Wirsinggemüse 70
Würfelkartoffeln, rohe 57